PREPARAÇÃO PARA A APOSENTADORIA:

Você já pensou sobre isso?

JULIANA PRESOTTO PEREIRA NETTO

Organizadora

PREPARAÇÃO PARA A APOSENTADORIA:

Você já pensou sobre isso?

EDITORA LTr®
SÃO PAULO

Dados Internacionais de Catalogação na Publicação (CIP)
(Câmara Brasileira do Livro, SP, Brasil)

Preparação para a aposentadoria : você já pensou sobre isso? / Juliana Presotto Pereira Netto organizadora. — São Paulo : LTr, 2009.

Vários autores.

Bibliografia

ISBN 978-85-361-1305-0

1. Aposentadoria —Brasil 2. Direitos sociais 3. Previdência social 4. Seguro social — Brasil I. Título.

09-01884 CDU-34:331.25:368.4(81)

Índice para catálogo sistemático:

1. Brasil : Aposentadoria e previdência social : Direito 34:331.25:368.4(81)

LTr

EDITORA LTDA.

Rua Apa, 165 — CEP 01201-904 — Fone (11) 3826-2788 — Fax (11) 3826-9180

São Paulo, SP — Brasil — www.ltr.com.br

LTr 3781.1 Abril, 2009

Colaboradores

Carlos Rodrigues da Silva Filho — Médico internista e geriatra, Doutor em Medicina e Professor da Faculdade Estadual de Medicina de Marília.

Carolina Sene Tamburus Scardoelli — Procuradora Federal do INSS, Mestre em Direito e Professora da UNIFRAN, FABIBE e Faculdade São Luis de Jaboticabal.

Celso Barroso Leite — Advogado Especialista em Previdência Social.

Cláudia Maria Daher Cosac — Assistente Social, Doutora em Serviço Social e Professora do Curso de Serviço Social da UNESP.

Cléria Maria Lôbo Bittar Pucci Bueno — Psicóloga, Doutora em Serviço Social e Professora do Curso de Psicologia da UNIFRAN - Universidade de Franca.

Francisco Sobreira Netto — Engenheiro, Agente Fiscal de Rendas, Doutor em Administração pela FEA-USP e Professor da UNIFRAN e Uni-FACEF.

Juliana Presotto Pereira Netto — Advogada, Doutora em Direito e Professora do Curso de Direito da UNESP.

Maria Luiza Paulozzi Benfatti — Assistente Social, Mestre em Educação Médica e Especialista em Saúde da Família, Consultora Organizacional, Terapeuta Familiar e Professora Universitária.

Nanci Soares — Assistente Social, Doutora em Serviço Social, Professora do curso de Serviço Social e Coordenadora da UNATI — Universidade Aberta à Terceira Idade da UNESP — Campus de Franca.

Oris de Oliveira — Juiz do Trabalho aposentado, Doutor em Direito e Professor das Faculdades de Direito da USP e da UNESP.

Renata Trasse de Oliveira Barbosa —Assistente Social da FEIS — Faculdade de Engenharia de Ilha Solteira/UNESP e Especialista em Competências Gerenciais Públicas e Administração de Recursos Humanos.

Victalina Maria Pereira Di Gianni — Assistente Social, Doutora em Serviço Social, Professora voluntária e fundadora da UNATI — Universidade Aberta à Terceira Idade da UNESP — Campus de Franca.

Wladimir Novaes Martinez —Advogado Especialista em Direito Previdenciário e Professor de Pós-graduação.

SUMÁRIO

APRESENTAÇÃO

Embora seja um sonho, uma meta, durante parte da vida de um grande número de pessoas, a aposentadoria é um dos marcos do envelhecimento que traz em si grande ambiguidade; consequências que afetam desde o próprio trabalhador, sua família, círculo social, até a empresa na qual ele se insere. Nem sempre essas consequências são desejadas, já que não são raras as vezes em que se apresentam quadros de depressão e doenças na pós-aposentadoria. Assim, para que além de um *sonho* a aposentadoria passe a ser um *projeto*, é importante que em especial trabalhadores e empregadores conheçam melhor essa realidade e reflitam sobre seus direitos e possibilidades na nova vida.

Nesse sentido surgiram os Programas de Preparação para a Aposentadoria (PPA), fruto de uma iniciativa interessante por parte das empresas que, atentas à sua responsabilidade social e às dúvidas e dificuldades que cercam seus colaboradores, passaram a proporcionar aos mesmos um espaço de reflexão sobre as possíveis perdas e ganhos relativos ao afastamento do trabalho, bem como orientação profissional de uma equipe de especialistas, auxiliando o trabalhador a fazer o planejamento dos anos posteriores ao seu desligamento da empresa, procurando transformar crise em oportunidade.

Com o passar do tempo, essas iniciativas têm se expandido, na medida em que os PPAs começam a se tornar realidade também em empresas de menor porte, em algumas áreas do serviço público, em ONGs e nas universidades. Portanto, o livro *Preparação para a aposentadoria: você já pensou sobre isso?* objetiva fornecer material para análise, reflexão e debates acerca dos temas que envolvem essa fase da vida pessoal e profissional de cada trabalhador. Por sua estrutura, multidisciplinar, servirá tanto como material de pesquisa para estudiosos do assunto, em diversas áreas, como um manual de orientação para aqueles que pretendem organizar um programa desse tipo em seus locais de trabalho, ou mesmo para os trabalhadores, diretamente interessados, que devem tomar decisões e precisam definir seus projetos de vida futura.

Tendo em vista esses objetivos, o livro está organizado em quatro grandes núcleos, a saber:

1. um núcleo voltado para questões sociojurídicas e filosóficas, que parte da certeza de não serem o trabalho e a aposentadoria "realidades dicotômicas, mas complementares", e, portanto, analisa o trabalho enquanto

fato social, sua importância e significado tanto na perspectiva econômica (ou seja, em sua natureza produtiva), como na perspectiva filosófica (em sua natureza ética, indagando por que o homem trabalha, qual a finalidade do trabalho e como disciplinar o direito ao ócio).

Certamente, nessa trajetória percebe-se que a aposentadoria não tem, necessariamente, relação com uma idade avançada, podendo acontecer precocemente (seja em decorrência de infortúnios ou mesmo de tempo de contribuição). No entanto, se o aposentado não é idoso, provavelmente virá a sê-lo, o que justifica a preocupação em continuar esses estudos analisando aspectos da assistência ao idoso, a partir da seguinte indagação: "O continuado e acentuado aumento da duração da vida humana, que adiciona um número crescente de anos aos períodos antes previstos, deve então estar acarretando um crescimento paralelo da necessidade de programas de assistência ao idoso?".

É suficiente o que já existe de concreto nesse sentido, no direito brasileiro, consubstanciado no Estatuto do Idoso, o qual teve o "condão de reunir as previsões legais até então vigentes sobre a matéria, criando um corpo legal sólido e vocacionado à proteção do idoso"?

Ainda sob o aspecto jurídico, e sabendo-se que não basta o exercício do trabalho para se alcançar a aposentadoria básica, pública e obrigatória, cabe então uma análise a propósito das possibilidades de aposentadoria no direito brasileiro, o que inclui conhecer suas espécies e noções fundamentais como: regimes de previdência, qualidade de segurado, carência e evento determinante. Amplia esses conhecimentos tratar da previdência privada, sempre complementar e cuja renda adicional em geral significa, para sua clientela de protegidos, a segurança tão almejada durante o período de inatividade.

2. Conhecidas as normas básicas que regem as aposentadorias e tendo ficado clara a relação entre "aposentados e idosos", cabe agora investigar um outro aspecto essencial, o qual convencionamos denominar "núcleo de saúde" — esta considerada em sua concepção física, mental e social.

Retorna-se então à discussão sobre a centralidade do trabalho, a qual remete ao entendimento de "sua não neutralidade em relação à vida e à saúde das pessoas. E aí está, novamente, a sua dialética: ao mesmo tempo que oprime, liberta; é fonte de prazer e de angústia; produz saúde e doença".

Afastar-se desse trabalho, porém, não é garantia de mudança das condições até então vividas, na medida em que deve ficar claro que o envelhecimento bem sucedido é possível, mas depende, em grande parte, do investimento pessoal feito ao longo da vida.

A forma como o trabalho se desenvolveu durante o período de vida ativa do indivíduo, a relação estabelecida entre sujeito e objeto e, especialmente, a posição que esse trabalho ocupava na sua vida vai interferir em todas as relações pessoais do aposentado a partir de então. Isso conduz à necessidade de se entender o envelhecimento a partir do estilo de vida que se tinha, mediante uma abordagem da área médica voltada para uma melhor qualidade de vida, que permitirá analisar as possibilidades e limites dessa busca, os problemas de saúde a serem enfrentados nessa fase e as intervenções possíveis com vistas a um melhor resultado.

Necessário também discutir a autoestima e autoimagem do aposentado. "Se o adulto é o somatório de tudo que realizou, e sempre essas realizações interagem com o trabalho, pois este é seu *locus natural*, o que fazer quando a aposentadoria se torna uma realidade?" Para muitas pessoas, sua própria imagem enquanto ser humano está ligada ao trabalho, e, ao abandonarem esse papel, perdem a referência de vida, o que pode resultar em um sentimento de inutilidade e frustração que afeta profundamente sua estima pessoal.

Além da sistematização desse aspecto psicológico, há ainda uma abordagem voltada para o relacionamento social, em especial aquele focado nas relações familiares e em como essas são afetadas pela aposentadoria, com o retorno do trabalhador para as atividades e a convivência no interior do lar.

3. Por todo o exposto — em síntese pela possibilidade de desconstrução da identidade do indivíduo que se observa a partir da aposentadoria e de todas as suas consequências, em geral potencializadas pelo fator envelhecimento que a acompanha —, é inquestionável a necessidade de se passar por um período de preparação para tal.

Tornou-se tão evidente essa preocupação, que ela já se encontra até consolidada em lei (art. 28, II, da Lei n. 10.741/03 — Estatuto do Idoso), a princípio como incumbência do Poder Público que deverá estimular esses programas.

No entanto, as empresas privadas assumiram essa dianteira, o que nos abre a perspectiva de tratar desse tema sob um novo aspecto, ou seja, um terceiro núcleo agora sob "a perspectiva empresarial". Cabe analisar a responsabilidade social da empresa em relação aos seus colaboradores que se aproximam da aposentadoria; como a empresa será afetada por essa decisão e o que ela pode oferecer para tornar esse processo mais consciente e satisfatório para ambas as partes envolvidas.

Nesse contexto, e também em outras situações em que seja possível desenvolver esses programas de preparação para a aposentadoria (como em universidades, ONGs, etc.), desempenha papel relevante o assistente social que tem consciência dessa importância e assume a coordenação desse mister. Não há dúvidas de que "o olhar sobre a preparação para a aposentadoria e as questões presentes no envelhecimento são hoje objeto de intervenção e investigação do serviço social".

4. Finalmente, definida a necessidade de haver uma preparação para a aposentadoria — o que passa pelo reconhecimento do papel histórico-filosófico desempenhado pelo trabalho na vida de um indivíduo e das consequências que o afastamento desse trabalho vai gerar, em especial quando agregadas a fatores decorrentes do envelhecimento —, resta saber o que fazer a partir de então.

Assim, o quarto e último núcleo desse estudo está voltado para as "opções pós-aposentadoria", as quais naturalmente contemplam hipóteses de permanência no mercado de trabalho — seja como empregado ou com foco no empreendedorismo e na manutenção dos próprios negócios —, mas também oferecem novas possibilidades.

Uma delas, o trabalho voluntário, enquanto opção consciente e fundamentada no desenvolvimento de uma cidadania plena, surge como possibilidade de doação de tempo, talento e habilidade, na medida em que implica em uma atividade não remunerada, sem vínculo empregatício, nem obrigações trabalhistas e previdenciárias.

Por certo, é uma opção disponível a todos, mesmo os trabalhadores ainda em atividade, porém, não é difícil perceber que a vida moderna, suas exigências e a exiguidade de tempo praticamente inviabilizam essa possibilidade, nessa época. Portanto, é o aposentado, agora com mais disponibilidade e tempo livre, mas também com conhecimento e experiência, que poderá desempenhar em plenitude esse papel.

O trabalho voluntário está hoje disciplinado na Lei n. 9.608/98, e é uma realidade que implica em qualificação técnica e profissionalização, o que significa criar novas possibilidades de ação e resolução de problemas, na medida em que as ações sociais precisam estar sintonizadas com bons resultados, e resultados propositivos. Assim, "para além do espírito de solidariedade, há a exigência da qualidade técnica da ação voluntária".

Além do trabalho em si, existe ainda a possibilidade, e por que não dizer necessidade, de o aposentado se envolver também em atividades educacionais, culturais, sociais e de lazer. Para tanto, um espaço é privilegiado nesse sentido: a UNATI — Universidade Aberta a Terceira Idade, também prevista no Estatuto do Idoso, art. 25.

Encerra então esse livro um artigo que aborda a história e os objetivos das Universidades Abertas às pessoas idosas, com uma especial contribuição que é o relato de uma experiência específica, a saber: a construção e manutenção do projeto da UNATI na UNESP, Campus de Franca, cidade do interior do Estado de São Paulo.

Conclui-se, enfim, com a certeza de que a Preparação para a Aposentadoria tornou-se uma busca essencial no período de atividade de qualquer trabalhador. O trabalho não deve ser encarado como a única resposta possível para a manutenção da qualidade de vida do indivíduo, e encontrar alternativas e saber o momento de "mudar os rumos" é hoje um processo do qual diversos ramos do conhecimento se ocupam e para o qual podem contribuir, a exemplo do que será aqui relatado.

Essa é uma das grandes riquezas desse livro: um mesmo tema abordado sob diferentes perspectivas, de áreas tão diversas, mas que confluem e se encontram para tratar de um valor maior: o ser humano.

Juliana Presotto Pereira Netto

TRABALHO. NÃO-TRABALHO. APOSENTADORIA

Oris de Oliveira(*)

Pode parecer estranho ou paradoxal que em livro sobre aposentadoria se aborde o tema trabalho. Vale o desafio de demonstrar que a aposentadoria é fruto de trabalho. Parte da hipótese de trabalho e aposentadoria não serem realidades dicotômicas, mas complementares.

1. *Trabalho*

Há termos de que nos utilizamos, mas temos dificuldade de definir e conceituar. "Trabalho" é um deles. *Agostinho de Hipona,* teólogo e filósofo, afirmou: "Há coisas que sei se ninguém me perguntar; se me for perguntado não saberei explicar". Todavia, já se disse que "poucas palavras são tão ambíguas e ricas de significação quanto trabalho".(1)

Embora a etimologia do nome seja insuficiente para a sua conceituação, ela tem a vantagem de demonstrar "sociologicamente a sua tradição carregada de valores ora depreciativos, ora penosos. Através dos tempos, veio sempre o vocábulo significando fadiga, esforço, sofrimento, cuidado, encargo, em suma, valores negativos, dos quais se afastavam os mais afortunados".(2)

Em sentido amplo, trabalho é toda atividade humana que transforma a natureza a partir de certa matéria dada. No sentido empregado correntemente em economia, trabalho são as tarefas desenvolvidas pelo homem, geralmente com auxílio de instrumentos, sobre matéria bruta (...) ou sobre matéria prima (...) em vista da produção de (bens) (valores), sob forma de objetos ou serviços. Nesse caso a atividade lúdica — esporte, jogo, diversão — não é trabalho. Mesmo a arte não pode, enquanto atividade, ser considerada trabalho. Ela passa a ser trabalho do momento em que produza um objeto — a obra — suscetível de ser colocado no mercado. O trabalho é, portanto, definido em função da produção social. Para que toda sociedade sobreviva, é necessário que produza continua-

(*) Juiz do Trabalho aposentado, Doutor em Direito e Professor das Faculdades de Direito da USP e da UNESP.

(1) MORAES FILHO, Evaristo de. *Introdução ao direito do trabalho.* Rio de Janeiro: Forense, 1956. v. 1, p. 66.

(2) *Ibidem,* p. 65 e 66.

mente os meios de sua subsistência. Essa atividade, sempre reiniciada, é a produção social.(3)

O enfoque dado ao trabalho "em função da produção social" deve ser sublinhado para compreender a relação que se fará com a aposentadoria.

Válida a conceituação do trabalho nestes termos:

a) atividade útil que tem em vista realizar um resultado concreto;

b) o resultado útil desprende-se da pessoa que o persegue;

c) é uma atividade móvel que acrescenta continuamente alguma coisa de novo à obra inacabada.

Para sua localização na ordem dos valores, o trabalho é sempre visto como meio para obter determinado fim. Por outro lado, a marca que o homem imprime na natureza que ele modifica pelo trabalho existe primeiro em sua representação ideal.

O trabalho pode ser visto sob vários ângulos, entre outros, o sociológico, o jurídico, o político, o econômico, o filosófico.

Em geral, se dá mais ênfase ao trabalho sob o aspeto econômico, como instrumento de produção de bens e serviços.

O que sempre existiu, de fato, foi determinado tipo de trabalho expressão do processo de produção, utilizando-se dos meios mais primitivos aos mais sofisticados de que hoje se dispõe. Em cada contexto histórico do processo de produção, o trabalho assume características bem diferenciadas.

Os modos de produção criaram e criam diversas modalidades de relações de trabalho, de que são exemplos a escravista, a da servidão medieval, a das corporações, a do regime de emprego. Modalidades que se sucederam na história, sem que se possa negar que existem hoje, entre nós, situações concretas em que se mesclam escravidão, servidão medieval e emprego.

As indagações sobre o trabalho como valor situam-se no campo filosófico, entendendo-se como filosofia a concepção de vida, isto é, como mundividência ou cosmovisão.

Também "valor" é um termo de que nos utilizamos frequentemente, mas cuja conceituação não é fácil; há quem o afirme ser indefinível, mas apenas descrito. Sem querer entrar em uma indagação filosófica muito complexa, basta observar que algo é valor em relação ao homem, como pessoa, para a qual há valores sensíveis (que agradam, que dão prazer), vitais ou biológicos (saúde, força, vigor vital), espirituais (os lógicos que indicam verdadeiro e falso, os éticos referentes ao bem moral, os estéticos ligados ao belo, os religiosos das mais diversas culturas e matizes).

---

(3) Enciclopédia *Mirador Internacional*, "ad verbum" — "trabalho", 1977. v. 19, p. 10.964.

O trabalho é valor na medida em que se refere ao homem como pessoa, "sujeito" dotado de inteligência e vontade, com a consequente possibilidade de agir livremente. No plano do agir, transparecem os caracteres inconfundíveis de cada pessoa. O agir, o trabalhar permite que cada um marque sua obra com o sinete de sua imagem e semelhança.

Todavia, num processo de produção em grande escala, há um distanciamento do homem com a obra final. Indagados dois operários que trabalhavam sobre "o que" faziam, houve duas respostas: um que lapidava uma pedra, outro que construía uma catedral. Esta última deveria ser a resposta a toda indagação sobre o que se faz e há uma alienação objetiva e subjetiva quando há incapacidade de se dar a segunda resposta.

A pessoa valoriza o trabalho quando este se insere em sua finalidade social.

Nenhum trabalho pode ser concebido apenas como fruto do castigo, como sinal de escravidão e muito menos como uma mercadoria, mas como meio de que o homem se serve para "re-criar o mundo" que o cerca. Mas o homem não pode "se coisificar" ao integrar o mundo do trabalho. Ele não pode ser, seja qual for o regime de produção em que se insira, apenas uma peça, um mecanismo que se substitui ou se reforça, que se coloca e/ou que se tira, de que se aufere "a mais valia", cuja depreciação se calcula e de que se desfaz quando se torna "não útil".

Há certamente um abismo entre a concepção do trabalho como valor e as concepções que se fizeram no correr dos tempos ou trabalhos históricos a que o homem foi e é submetido.

Sobre a concepção negativa que dele se fez basta lembrar, para exemplificar, o desprestígio dado ao trabalho no mundo grego, algo indigno para os que se dedicavam às artes liberais, à "teoria", à contemplação, reservado, porém, para escravos e prisioneiros.

A escravidão é certamente uma das mais graves distorções por que o trabalho passou no passado e passa no presente.

"Durante três mil anos, dos tempos de *Moisés* até final do século XVII — praticamente todos os políticos, filósofos, teólogos, escritores e críticos importantes aceitavam a existência e a legitimidade da escravidão". O termo "aceitavam" é deliberadamente escolhido porque estas pessoas do poder e formadores do pensamento não escusaram, não fecharam os olhos, nem tiveram indulgência, nem perdoaram a instituição. Eles não tinham necessidade de fazê-lo; eles não se importunavam com a ideia de que a escravidão era má. A escravidão era considerada como fazendo parte da organização natural das coisas. "Desde o nascimento, dizia *Aristóteles*, alguns estão destinados a sujeitar-se e outros a comandar."

Esta passagem de *Robert Fogel*, citado por *Peter Garnsey*, na admirável pesquisa sobre "Conceptions de l'Ésclavage d'Áristote a Saint Augustin" resume bem a aceitação da escravidão no correr dos séculos.[4] Ela invalida, também, bombásticas afirmações sobre fatores que teriam levado ao abandono da escravidão no passado.

Esta aceitação, ressalvadas algumas vozes isoladas antes do movimento abolicionista, perdurou na realidade brasileira até final do século XIX.

Um pensamento laico pregava a igualdade dos homens, mas admitia-se que os "nascidos para comandar", por serem "mais iguais", pudessem tratar o escravo como "coisa"; um pensamento religioso pregava serem todos filhos de um mesmo Deus, e não menos cinicamente, "mais irmãos" escravizavam "menos irmãos" e "menos filhos de Deus". Pior ainda no correr dos séculos, deram-se razões filosóficas e teológicas para justificar a escravidão. Um autor respeitabilíssimo do século XIX aconselhava os senhores a serem menos egoístas e a incentivarem as práticas religiosas dos escravos porque Deus os ajudava a suportar a escravidão.

Frequentemente se noticia sobre bolsões de trabalho escravo no Brasil, situação eufemisticamente denominada "similar à escravidão". Todavia, com uma diferença para pior. Sem querer fazer nenhuma apologia do tratamento ao escravo entre nós, na media em que ele era "coisa" no sentido jurídico do termo, coisa que se comprava e se vendia a preço de mercado, havia sempre necessidade de levar em consideração o "custo-benefício", implicando mantê-lo sadio, alimentá-lo, dar um abrigo, sob pena de o investimento não valer a pena.

O atual aliciador de "escravos de hoje" não precisa ter estas preocupações porque se recrutam levas em rincões pobres, utilizam-nas e dão-lhes condições inóspitas de vida, alimentam-nas mal, tendo a desfaçatez de descontar da remuneração tais benesses, e delas se desfazem quando já não são mais úteis, cabendo ao frágil sistema brasileiro de saúde cuidar do que sobrou.

Ninguém ignora que em ricas regiões do País trabalhadores morrem de exaustão no corte de cana, praticando literalmente o que no século XIX se denominava *sweating system* (sistema de suor).

Vê-se, assim, que não é verdade histórica que todo trabalho dignificou, ou que dignifica o homem, porque houve e há os que objetivamente o "coisificam" e o aviltam.

É oportuno ressaltar quando se compara o valor trabalho com outros valores, que estes se hierarquizam. Não basta, pois, dizer que o trabalho é

(4) Paris: Lês Belles Letras, 2004. p. 28.

valor; impõe cotejá-lo com outros valores, como, por exemplo, o lazer, a educação, a saúde, a família, a sociedade, a vida, o belo.

Por mais que se exalte o trabalho como expressão da pessoa humana, não se pode esquecer sua instrumentalidade para alcançar outros valores, sob pena de se fazer uma conversão de meios em fins. Um exemplo concreto: a definição do salário mínimo dada pela nossa CLT, na qual o salário mínimo visa a cobrir, apenas, cinco necessidades: alimentação, habitação, vestuário, higiene e transporte. Há nesse enunciado toda uma concepção filosófica do empregado visto como peça de um complexo industrial que se alimenta como se abastecem as máquinas; a que se dá agasalho porque se desgastaria como as máquinas nas mesmas condições; que se recobre menos por pudor do que para evitar o desgaste da exposição; que se mantém limpo como também o exigem as máquinas; apenas permite-se que se desloque.

A definição dada pela Constituição, às vezes equivocadamente criticada por ser "irreal", é técnica e humanamente correta, porque exprime, como toda norma jurídica, não um dado estatístico, mas um "dever ser" de outros valores a que o homem tem direito: o lazer, a saúde, a educação, a previdência social.

2. *O não trabalho*

"Não trabalho" é todo tempo útil dedicado ao gozo e preservação de outros valores: lazer, cultura, arte, convívio familiar e social, educação, dedicação a programas de assistência social. Para o aposentado, ele propicia o "ócio com dignidade". Ele não é inércia, indolência, vadiagem. No confronto do trabalho com outros valores, houve inversão de fins e meios, hipertrofiando-se o trabalho, tentação em que caíram ideólogos do "socialismo real" e do "capitalismo real", desconhecendo e menosprezando o "não trabalho".

O "não trabalho" não se opõe ao trabalho: "Trata-se, na realidade, de dois valores autônomos e distintos não resultante um do outro. Dir-se-á que entre trabalho e lazer se põem um processo dialético de complementaridade, não se compreendendo um sem o outro, embora sejam entre si heterogêneos e irredutíveis um ao outro".[(5)] Muitos juslaboralistas também se deixaram empolgar pela hipertrofia do trabalho ao justificarem a teleologia das normas sobre o tempo de "não trabalho " (intervalo entre as jornadas, repouso semanal, férias), apenas como tempo de "recuperação" das forças físicas e psicológicas para a volta ao trabalho: tudo estaria polarizado no trabalho como valor subordinante e não como valor meio.

---

(5) REALE, Miguel. *O direito de não trabalhar. Tendências do direito do trabalho contemporâneo*. São Paulo: LTr, 1980. v. 1, p. 118.

3. *Trabalho e direito*

O trabalho como realidade social não poderia deixar de ser regulado pelo direito. "O trabalho pode ser objeto de regulação jurídica em qualquer de suas manifestações e sob todos os seus aspetos concretos. Desde que o homem manifeste, em sociedade, uma parte mínima sequer de sua atividade, modificando o mundo exterior, através de um esforço ordenado, consciente e voluntário, está submetido, embora não o saiba, a uma regra de direito, seja de direito constitucional, administrativo, penal, civil, comercial ou do trabalho."(6)

No correr da história, foi regulado de vários modos, inclusive não raro por usos e costumes.

Toda norma jurídica, seja qual for a sua fonte imediata de positivação (a lei, o costume, os acordos e contratos coletivos), pretende resguardar um valor. É relativamente fácil apontar em cada norma o bem ou o valor que pretende resguardar. A tipificação do homicídio como crime e a proibição de discriminar nas normas constitucionais resguardam os valores da vida, a igualdade das pessoas independente de credos, opções políticas, de cor, sexo, nacionalidade.

Mas há em toda formulação de valor, inclusive a embutida na norma jurídica, toda uma cosmovisão, uma "filosofia" de valores hierarquizados de quem detém o poder, ou uma parcela dele.

Todo poder, por hipótese, o mais democrático ou o mais despótico ou o mais oligárquico, impõe um direito que, evidentemente, não implica sua auto-destruição, pelo contrário, o formula como meio de sua própria preservação.

O fato "*onde* o direito nasce", não sendo estático, faz com que o direito também não o seja. As transformações culturais, sociais, econômicas, políticas impulsionam as modificações do direito. Assim, este não é ou não deveria ser estático, devendo passar sempre, senão por revoluções, ao menos por reformas. Na medida em que o direito é eficaz, ele amolda ou tenta "trans*formar*" os fatos onde nasceu e aos quais se dirige.

O direito como norma impõe um "dever ser", indicando uma forma de organização e/ou de conduta, de maneira objetiva e obrigatória.

Embora se diferenciem os enfoques político e jurídico do trabalho, é salutar não se esquecer de que o direito é uma decisão política, é uma política pública: entre as várias possibilidades de regular determinada matéria, o legislador escolhe a norma que, no momento de sua edição, demonstra ser a mais oportuna e conveniente em face de valores que quer ver preservados.

---

(6) MORAES FILHO. *Op. cit.*, p. 97.

Todavia, um juízo crítico pode discordar sobre a conveniência ou oportunidade entendendo que a norma editada não resguarda corretamente o bem comum que ela deve sempre visar.

As diversas transformações por que passaram e passam os processos produtivos exigem que o direito as acompanhe e as regule. Foi o que se impôs com a implantação da Revolução Industrial a partir do final do século XVII, graças às inovações técnicas, deixando ultrapassado o processo produtivo das corporações medievais.

As normas civilistas, de que o Código de Napoleão era um dos protótipos, tornaram-se incapazes de regular convenientemente as novas relações de trabalho porque profundamente marcadas pelo individualismo, e por um modelo de avenças que tinha como premissa a igualdade das partes no contrato.

A desigualdade se evidencia no momento em que se inicia a relação de trabalho. Com efeito, em um contrato comum, as partes combinam em condições de igualdade, ao passo que mui raramente, rarissimamente um empregado pode propor condições; se quiser sobreviver, adere às impostas por quem emprega.

Bem cedo se percebeu que a liberdade, a igualdade e a fraternidade que a ideologia liberal apregoava eram meramente formais e que se impunha uma proteção legal. Vale a pena repetir a afirmação atribuída a *Lacordaire*: "na luta entre o forte e o fraco, a liberdade escraviza e a lei liberta".

O liberalismo exaltava a liberdade, concebendo-a, porém, de maneira formal e individualista — complexo de direitos relativos ao indivíduo; quando a punha em exercício, dissolvia-se na desigualdade — acabava, mesmo, por anular o próprio indivíduo na mais cega servidão.[7]

São conhecidos os abusos que se cometeram no século XIX quando o processo de produção capitalista teve oportunidade, graças às inovações tecnológicas (máquina, vapor, eletricidade), de utilizar uma mão-de-obra, sobretudo infanto juvenil e feminina, abundante, barata, pulverizada, despolitizada, instrumentalizada, muitas vezes com promessas de justiça em um outro mundo.

Muito lentamente, enfrentando uma ferrenha oposição liberal, constituiu-se um corpo homogêneo de normas que mais tarde se denominou "direito do trabalho".

Em todo o correr do século XIX houve várias propostas, umas na linha da luta de classe (relembre-se a última frase do Manifesto Comunista de 1848), outras de cunho humanitário, de criação de normas de abrangência

(7) BATAGLIA, Felice. *Filosofia do direito.* São Paulo: Saraiva, 1958. p. 325.

internacional, visando a evitar que a proteção jurídica dada por um Estado às relações de trabalho redundasse em condições desfavoráveis concorrenciais. No Tratado de Versalhes de 1919, criou-se a Organização Internacional do Trabalho — OIT, cuja precípua função seria de, mediante uma Assembleia Geral, adotar tratados abertos (convenções) ratificáveis pelos Estados-Membros.

Hoje, em contexto de uma economia global financeira "sem pátria e sem alma", torna-se ainda urgente que todos os Estados assumam o compromisso de adoção do "trabalho decente", como propugna a OIT na Declaração de Normas e Princípios do Trabalho, de 1998.

4. *Direito ao trabalho e dever de trabalhar*

Há um "direito-dever" social: ao trabalho e dever social de trabalhar.

Direito ao trabalho não só como meio de assegurar a própria subsistência e do núcleo familiar, mas, também, de ter acesso a outros valores acima mencionados. Trata-se de um direito subjetivo público, quer dizer, o cidadão pode exigir do Estado políticas públicas que concretizem a oportunidade de trabalho para todos. Este direito é violado quando há desemprego involuntário.

Dever social de trabalhar porque "todo trabalho humano é desde o início e por definição um fato coletivo, sendo a cooperação a sua nota característica e essencial. Uns dependem dos outros, as tarefas se realizam através de um mosaico, fragmentário a princípio. Esta dependência pode ser direta ou indireta, mas todos se encontram no mesmo estado de precisão de trabalho alheio, levado a efeito em outros lugares e em outros tempos".[8]

É, consequentemente, vadio todo adulto que tem condições de trabalhar e não o faz; na verdade, o vadio é um parasita e a vadiagem é tanto mais grave quando se sabe que o trabalho direta ou indiretamente é sustentáculo da seguridade e previdência social.

Neste particular, nosso direito positivo é sumamente discriminatório e injusto quando norma contravencional eticamente imoral tipifica como contraventor apenas o vadio pobre, mas não qualifica como tal aquele que tem meios de sobrevivência, ainda que não decorram do trabalho próprio, e seja, de fato, um parasita social.

5. *Trabalho e aposentadoria*

Ao disciplinar o trabalho, o direito faz quatro cortes importantes:

---

(8) MORAES FILHO. *Op. cit.*, p. 76.

a) no primeiro, elenca o trabalho proibido, ou abaixo dos 14 anos, qualquer trabalho inserido em processo de produção ou doméstico em casa de terceiros, ou abaixo dos 18 anos se perigoso, insalubre e penoso;

b) permite o trabalho a partir dos 14 anos como aprendiz e após os 16 anos fora do processo de aprendizagem, garantida, todavia, especial proteção ao trabalhador adolescente;

c) trabalho do adulto, com normas específicas para cada modalidade de trabalho;

d) direito ao "não trabalho" da aposentadoria, após determinado número de anos de trabalho associado à idade e à contribuição à previdência social.

Como se vê, a aposentadoria é o coroamento de uma vida de trabalho que se desenvolveu em duas relações jurídicas: uma particular do trabalhador com o tomador dos serviços do trabalho, outra de direito público com a Previdência Social. As normas que regem hoje estas duas relações e que constituem dois campos distintos do saber se desenvolveram na história conjuntamente. No momento em que começaram a surgir normas individuais e coletivas do trabalho, concomitantemente começaram a surgir normas de proteção marcadas inicialmente pelo mutualismo mantido pelos próprios trabalhadores.

No Brasil, por exemplo, os programas políticos de inspiração socialista e os programas operários, ambos das mais diversas colorações, colocavam no rol de reivindicações normas de proteção ao trabalho e as que, hoje, integram o campo previdenciário. De fato, as reivindicações extrapolavam estes dois limites e reivindicavam direitos situados no campo do saneamento básico. Todas as reivindicações deixam entrever quais eram as péssimas condições de trabalho (entre outras: jornadas excessivas, baixos salários, exploração da mão-de-obra infantil e feminina), o desamparo no caso de vários riscos (tais como doenças em geral, acidentes do trabalho, doenças profissionais, esgotamento da capacidade de trabalhar sem nenhum amparo) e condições de moradia nos bairros operários.

No decorrer do século XIX, o trabalhador que adoecesse ou se acidentasse no serviço simplesmente era descartado, cabendo às instituições de "caridade" ampará-lo. Que o diga o número de entidades de assistência aos desamparados que surgiram no correr do século XIX, criadas por pessoas levadas por sentimentos humanistas ou religiosos, mas que não questionavam sobre a origem dos males dos assistidos.

Sendo o trabalho uma realidade social, que exige a cooperação de todos os membros da sociedade, é normal que se criem mecanismos que garantam o direito de usufruir o "ócio" da aposentadoria aos que já contribuíram com o trabalho para o bem da sociedade.

Somente a partir de 1919, na Alemanha de *Bismark*, a previdência social começou a tomar corpo.

Há fatos na história que parecem, à primeira vista, paradoxais: as normas previdenciárias do modelo alemão surgiram numa tentativa "conservadora" para barrar o avanço das reivindicações operárias, mas que, dialeticamente, dadas as contradições do sistema capitalista, foram, e ainda são, conquistas operárias.

O direito à aposentadoria é subjetivo, público, exigível do Estado, cuja obrigação é de criar um modelo jurídico que agasalhe com justiça todas as pessoas que efetivamente contribuíram para a previdenciária social.

O "não trabalho" da aposentadoria não se confunde com a ociosidade de quem deveria trabalhar. O "ócio com dignidade" abre espaço para a pessoa dedicar-se a outros valores, ainda que seja o lazer simples de jogar dominó com os colegas na sombra de uma árvore frondosa no verão.

Há países em que, numa política de emprego, os aposentados não podem trabalhar recebendo remuneração, mas, nestes países, o valor pago aos aposentados permite-lhes uma vida condigna de viagens de lazer e, também, dedicação a obras sociais.

Um fato relativamente "novo" na realidade social brasileira que merece algumas reflexões. A expectativa de vida e a longevidade hígida, frutos de vários fatores, com reflexos na montagem do modelo previdenciário, criam possibilidade de o aposentado prestar serviços voluntários à comunidade, o que deve ser incentivado em face das carências sociais especialmente no campo da saúde e da educação.

Não se trata de eximir o Estado de suas responsabilidades nestes setores, mas reconhecer, como em outros setores, que a responsabilidade é, também, da sociedade.

Devido a amadorismo não perseverante no passado, havia fundada reserva em relação a pessoas que se ofereciam como voluntárias movidas por uma comiseração momentânea. Hoje, o voluntariado assume, por assim dizer, um caráter "profissional", porque, além de uma preparação adequada, exige um engajamento sério e responsável. O aposentado submete-se à disciplina da entidade à qual oferece seus préstimos e assume os encargos, no mínimo, com a mesma diligência e pontualidade exigível de um empregado.

Hoje, a Lei n. 9.608/98 dispõe sobre o trabalho ou serviço voluntário, tido como "a atividade não remunerada, prestada por pessoa física a entidade pública de qualquer natureza, ou a instituição privada de fins não lucrativos, que tenha objetivos cívicos, culturais, educacionais, científicos, recreativos ou de assistência social, inclusive mutualidade" (art. 1º).

Tanto podem dar uma contribuição importante a pessoa que pode assumir atividades mais modestas como o profissional de nível médio ou superior.

Conclusões

Embora em nossos dias difiram os ramos do direito que disciplinam a relação privada de trabalho e a relação previdenciária, o processo de produção capitalista implantado com a Revolução Industrial propiciou que ambas se desenvolvessem conjuntamente. Ainda hoje, várias faculdades de direito agasalham no mesmo departamento o direito do trabalho e o previdenciário.

No modelo brasileiro, o fato de começar a trabalhar envolve a pessoa no sistema previdenciário. A aposentadoria será o coroamento de uma vida dedicada ao trabalho, no aspecto individual e social.

Desvinculado das "amarras" de uma vida estressante de trabalho marcado por horários impostos, por tarefas nem sempre prazerosas, o "não trabalho" da aposentadoria permite um ritmo de vida mais cadenciado, que vai do lazer de jogar dominó com companheiros até a colocação dos préstimos a serviço de pessoas mais necessitadas, colaborando com o Estado, não o substituindo, na função da justiça distributiva consistente em dar, ou melhor, "restituir" mais a quem tem menos.

ASSISTÊNCIA AO IDOSO(*)

Celso Barroso Leite(**)

Introdução

Minha carreira de servidor público, há anos encerrada, transcorreu em boa parte na área da previdência social. Como ocupei muitos cargos, recebia frequentes convites para participar de eventos. Embora meio teórica e nem sempre útil, era uma agradável parte das minhas funções.

Como não me afastei de todo da área, continuo sendo convidado, embora, naturalmente, com frequência bem menor. Hoje, como sabemos, estão muito em voga questões ligadas a idosos, às pessoas da chamada Terceira Idade. Por isso, coincide que os convites são quase sempre para eventos ligados a essas questões. Então, fico em dúvida: estou sendo convidado como especialista ou como espécime?

Entre os numerosos e variados problemas que a humanidade enfrenta permanentemente e que parecem agravar-se com o progresso da civilização, um dos mais sérios é o do crescente número de pessoas idosas. Já se fala até, com apreensão, num problema do idoso, ou seja, algo específico, evidente, sombrio, para não dizer sinistro.

Demógrafos, cientistas sociais, psicólogos, economistas, autoridades públicas em geral, sem falar em outros especialistas e estudiosos, cada vez mais dedicam atenção especial a esse fenômeno demográfico inédito, sobre cuja extensão e possíveis efeitos não dispomos ainda de ideia segura.

É claro que sempre houve velhos e a própria Bíblia cita o caso clássico de Matusalém. Contudo, sua condição era individual, de cada um; e eles tinham participação comedida e conhecida na composição total da população. Era uma situação a varejo, conforme me lembro de ter lido ou ouvido em algum lugar.

Hoje, ao contrário, a quantidade deles cresceu muito, o envelhecimento se generalizou, eles passaram eufemisticamente de velhos para idosos e a

---

(*) Texto que serviu de base para a palestra proferida no Conselho Técnico da Confederação Nacional do Comércio, em 16.10.07.

(**) Advogado especialista em Previdência Social.

situação antes tranquila se tornou uma complexa e inquietante realidade demográfica e social, que complica enormemente a composição etária da população e, por conseguinte, o equilíbrio qualitativo da espécie humana. A base da pirâmide populacional subiu para o seu topo, curiosamente sem grandes alterações das camadas intermediárias. Completando a imagem antes citada, temos agora velhos, isto é, idosos, por atacado.

Conceito de idoso

Primeiro precisamos saber a quem se destina a assistência de que ele se ocupa. Quem é idoso, tendo deixado de ser velho terminologicamente? Em sentido legal, jurídico, temos de buscar a resposta na legislação pertinente, que estabelece o momento cronológico, etário, em que tem início a idade avançada, cada vez mais conhecida como Terceira Idade.

Antes seria o início da velhice, porém este termo também passou a ser tão evitado quanto possível. A esse respeito não será demais lembrar que muitos demógrafos e especialistas já falam numa Quarta Idade. Trata-se, portanto, de mais um eufemismo; e a propósito de eufemismos e da sua importância na vida cotidiana encontrei recentemente algo interessante. Com o título "As palavras não significam o que significam", o que queremos dizer, a revista "Time" de 17 de setembro último traz extensa resenha do livro *The Stuff of the Thought* (algo como *A Matéria do Pensamento*), do psicólogo americano *Steven Penker*. Ele explica aí porque falar com clareza pode não dar o bom resultado esperado.

A Constituição não esclarece claramente um limite único. A lei básica, no caso, o Estatuto do Idoso (Lei n. 10.741, de 1º.10.03), é mais precisa, como não poderia deixar de ser, pois fixa em 60 anos a idade a partir da qual a pessoa é ali considerada idosa. Uma única exceção, no art. 34, que cogita de 65 anos, não chega a afetar a regra geral dos 60.

A Lei Orgânica da Assistência Social (Lei n. 8.742, de 7.12.93) garante um auxílio ao idoso (ou deficiente) de 70 anos ou mais.[1] Esse auxílio tem o valor de um salário mínimo, como o valor mínimo dos benefícios da previdência social. É uma grave impropriedade, porque assim, quem nunca trabalhou nem, portanto, contribuiu recebe, quando é o caso o mesmo que quem sempre o fez regularmente.

Sentido de "assistência" aqui

Em termos amplos, a aposentadoria por idade da previdência social, o mais importante dos seus benefícios, é ao mesmo tempo uma modalidade

(1) Limite alterado para 65 anos de idade, por determinação do Estatuto do Idoso.

essencial de assistência ao idoso. Aí também o limite etário mínimo pode ser de 60 anos, como no Estatuto, sendo o que prevalece para a segurada, embora para o segurado o mais frequente seja 65. Esse benefício se denominava aposentadoria por velhice, porém passou a ser por idade, pela razão terminológica que transformou o velho em idoso.

Repetindo, o limite mínimo de 60 anos ou outro vale apenas para efeitos legais, jurídicos. Fora daí, existem outros marcos definidos, sendo numerosos e variados os critérios demarcadores do início da condição de idoso; isto é, do momento cronológico, etário, a partir do qual alguém pode ou deve ser considerado idoso. A rigor, então, idoso é quem atinge e, naturalmente, ultrapassa determinada idade. Entretanto, essa circunstância não basta para caracterizar a condição de que se trata. Por outras palavras, pode-se passar do limite etário sem apresentar as características próprias de quem já o ultrapassou. Além disso, normalmente os programas assistenciais gerais compreendem também a assistência ao idoso, o que os inclui no nosso tema.

Ao mesmo tempo, indo além do significado mais preciso de assistência, focalizo aqui muito do que, embora sem ter natureza assistencial propriamente, diz respeito, de uma maneira ou de outra, às pessoas idosas. Acredito que, sem ser pecado capital, isso possa tornar o meu texto mais completo.

É nesse amplo sentido que entram em cena as condições individuais: saúde, aparência, disposição, temperamento e assim por diante. É também nesse sentido, portanto, que a variação com frequência marcante dessas condições distingue umas pessoas de outras. E é principalmente nesse sentido que surgem as expressivas figuras dos velhos moços e dos moços velhos, aqui sem eufemismo; ou seja, dos que parecem velhos antes da idade própria ou se conservam jovens depois dela, por vezes muito depois.

Não é por outro motivo que a televisão, revistas e outros veículos de comunicação estão sempre publicando reportagens e notícias sobre casos emblemáticos de pessoas que, com plena vitalidade, vão muito além dos limites etários médios. No Brasil, conforme sabemos, o decano dos idosos, se assim se pode dizer, é o grande Oscar Niemeyer, que vai completar um século de brilhante existência em dezembro próximo, ainda às voltas, na sua difícil especialidade, com projetos de vulto, sem falar no seu casamento, há poucos anos.

Pessoalmente, já não me assalta aquela dúvida que mencionei de início: especialista ou espécime. Já não sou o especialista que fui e até costumo qualificar-me como ex-especialista. Entretanto, esperando completar 90 anos dentro de menos de um mês, é tranquila a minha condição de espécime. A rigor, considero-me meio suspeito ao tratar de um tema ao qual estou estreitamente ligado.

Envelhecimento

Envelhecimento antes do tempo é cada vez mais raro, porém, do outro lado, é cada vez maior, como acabamos de ver, o número das pessoas que em condições individuais satisfatórias, quando não excelentes, ultrapassam os limites etários vigentes. Os dados demográficos tornam-se dia a dia mais expressivos nesse último sentido; a duração média da existência humana não pára de crescer; e os variados marcos etários continuam se deslocando rapidamente para cima. No Brasil, são 19 milhões de idosos e em 2020 deverão ser 30 milhões.

Houve até quem indagasse a sério: "Que acontecerá quando formos todos centenários?". Como se isso não bastasse, também já se aventou a espantosa hipótese de duração ilimitada da vida, mediante substituição progressiva de partes do corpo humano.

Em verdade, e infelizmente, em tempo algum a humanidade conseguiu prestar assistência, no verdadeiro sentido desse serviço social, a todos os idosos necessitados dele. É aí, então, que se situa o problema dos idosos: se até agora não foi possível atender satisfatoriamente a eles, isso se torna mais difícil à medida que o seu número cresce acentuadamente.

Essa assustadora perspectiva assusta mais ainda quando se leva em conta, por exemplo, que na Índia mais da metade do seu bilhão e cem milhões de habitantes são jovens e cresce, como por toda parte a bem dizer, a proporção dos que chegarão a idosos.

O continuado e acentuado aumento da duração da vida humana, que adiciona um número crescente de anos aos períodos antes previstos, deve então estar acarretando um crescimento paralelo da necessidade de programas de assistência ao idoso? Certamente está, e é essa, repito, a causa principal do sério problema que assinalei logo de início.

Entretanto, a questão não se reduz ao que poderia parecer uma simples regra de três: quanto maior o número de idosos, maior a necessidade de assistência. Por outras palavras, não existe aí um singelo paralelismo, porque nem todos os idosos necessitam de assistência e está nesse caso bom número deles.

Crescente interesse

Cresce cada vez mais o interesse por questões de toda ordem ligadas aos idosos. Daí numerosas e variadas manifestações a respeito e, talvez mais importantes que elas, iniciativas de todo gênero voltadas para esse grupo especial da população. Seria difícil classificar as manifestações, porém as iniciativas parecem comportar divisão em dois tipos bem distintos.

O primeiro deles corresponde, em termos gerais, ao das entidades que podem ser consideradas assistenciais, propriamente, uma vez que têm por objetivo prestar às pessoas, idosas ou não, gratuitamente ou quase, serviços dos quais elas necessitam, mas se situam fora do seu alcance. Estão nesse caso as atividades de fins não lucrativos que a Constituição e a legislação pertinente definem meio pleonasticamente como "entidades beneficentes de assistência social".

Abro aqui parênteses para verberar, como não me canso de fazer, uma desalmada e indecorosa irregularidade da área: entidades ricas e poderosas que não têm a condição de autenticamente assistenciais obtêm por meios ilícitos a isenção da contribuição patronal previdenciária outorgada pela Constituição às que têm. É uma antiga e renitente chaga do nosso sistema de proteção social.

O segundo grupo das iniciativas de que se trata é formado pelo multiforme número, também crescente, como tudo na área, das empresas, clubes, hospitais, estabelecimentos de ensino, formais ou não, hotéis e tanta coisa mais que exploram comercialmente o recente mundo da Terceira Idade. Esta aumenta em quantidade, conforme sabemos, mais que a população como um todo; e o que é mais importante no caso, seu poder econômico não pára de crescer, levando-a a oferecer variadas e promissoras oportunidades de lucro.

Além dos dois grupos básicos de iniciativas voltados para a Terceira Idade existe outro, misto: o próprio Estado mantém programas dessa natureza. Por exemplo, ainda recentemente o Ministério do Turismo instituiu o Programa Viaje Mais — Melhor Idade, que facilita e incentiva viagens pelo Brasil para pessoas das faixas etárias mais elevadas.

Na reportagem de Martha Beck publicada no jornal *O Globo*, de 7 de outubro de 2007, com o título "Aumento de renda dos idosos atrai empresas", a epígrafe informa: "População acima de 60 anos já responde por quase 15% do mercado de consumo brasileiro". O texto comenta que "de olho nesse público, as empresas estão se especializando em serviços para idosos". E não são só serviços; artigos, também.

Se quisermos avançar mais nesta arbitrária enumeração de iniciativas nem sempre lícitas alegadamente orientadas para assistência a idosos, poderemos atentar para outra inglória irregularidade oficial: o crédito consignado. Sob o perverso pretexto de estar oferecendo a aposentados e pensionistas a oportunidade de levantar empréstimos bancários, o Governo autorizou o chamado desconto em folha de mensalidades para pagamento deles. Milhares de pessoas que recebem salário ou benefício mínimo se valeram de uma possibilidade que não estava ao seu alcance e passaram a sofrer descontos automáticos que reduziram ainda mais seus escassos proventos ou pensões, tendo sido noticiados casos de tragédias assim provocadas. Quem na verdade se beneficiou foram os bancos, com a garantia plena do pagamento dos empréstimos; e, graças a ela, com clamoroso aumento dos seus lucros. Estranho como pareça, esse incrível embuste continua existindo. Aqui, então, a assistência não é a idosos, mas a banqueiros inescrupulosos.

Os dois extremos

Sem falar nas empresas comerciais que se fazem passar por entidades assistenciais, a diferença entre estas e as de fins lucrativos nem sempre é clara, dada a grande variedade de composição de cada grupo. No primeiro existem desde creches, asilos e outros estabelecimentos de reduzido porte até outros mais avantajados. No segundo, a diferença é sobretudo entre empresas de condições modestas e as que se caracterizam pela sofisticação dos serviços oferecidos e, naturalmente, seu elevado custo.

Essas últimas, assistenciais no sentido amplo de assistência que estou usando neste trabalho, são em geral conhecidas como casas ou clínicas de repouso, com serviços especiais de gerontologia e recursos cada vez mais avançados. Destinam-se, compreensivelmente, a pessoas idosas em situação financeira à altura do padrão que procuram aí. Nos países ricos, esses virtuais palácios da Terceira Idade já existem em bom número. No Brasil, tenho notícia de pelo menos um, na capital paulista como seria de se esperar. A revista "Veja" o focalizou na sua edição de 3 de outubro de 2007, com o título "Velhice com luxo" e como parte da reportagem "Lições de família", de *Adriana Dias Lopes*. Lê-se na epígrafe da matéria que "cuidar de parentes idosos não é fácil" e que por isso "há cursos para amenizar o desgaste físico e emocional de todos os envolvidos".

A jornalista refere-se a uma atividade recentemente formalizada, a dos cuidadores, pessoas que cuidam de idosos, e ressalta a maior dificuldade desse cuidado quando a idade é agravada por alguma doença, como a de *Alzheimer*, cada vez mais frequente. Os cuidadores são também conhecidos como acompanhantes. Esse encargo fica igualmente mais difícil, costumando tornar-se traumatizante, quando o cuidador é pessoa da família e sofre forte desgaste emocional. Daí o fecho da reportagem: "Por isso, aprender a tomar conta dos outros requer, acima de tudo, aprender a cuidar de si".

Se para uma família de situação financeira excelente ou pelo menos tranquila o idoso já costuma ser um sério problema, quando não um drama, para outra que não esteja nesse caso é quase sempre uma tragédia. Cada um de nós conhece exemplos concretos, em geral diferentes uns dos outros. Menos frequente, porém não menos real, é o que vi noticiado há algum tempo: pessoas que levam um parente, em geral pai ou mãe, a um asilo de idosos e fogem enquanto ele é atendido, deixando-o à mercê do estabelecimento assim fraudado.

Uma monstruosidade, evidentemente, que nem é fácil acreditar que possa ocorrer. Mas quando refletimos que esses desalmados têm uma família que mal conseguem sustentar e moram num sala-e-quarto onde eles e os seus mal cabem, fica mais complicado condená-los sumariamente. Felizmente, uma coisa dessas é exceção, mas serve para mostrar a complexidade da questão e ajuda a compreender melhor o chamado problema do idoso. Ele existe e tende a agravar-se entre os dois extremos aqui mencionados, porém, sobretudo, como é óbvio, do lado dos idosos que necessitam de assistência.

Idoso ou criança?

Embora seja enorme, com sabemos, no nosso país e no mundo inteiro, o número dos idosos e a rigor de pessoas de qualquer idade que necessitam de assistência, aqui pelo menos eles estão em melhor situação, no particular, do que o restante da população e principalmente as crianças.

Demógrafos, economistas e outros especialistas veem nisso grave falha do nosso sistema de proteção social e séria ameaça ao futuro demográfico da nossa população. Estudos recentes e dados estatísticos colocaram a questão em agudo foco. Suas preocupantes consequências têm sido discutidas, por exemplo, no Fórum Nacional de Previdência Social.

A propósito, convém repetir que neste tópico e em outras passagens do presente trabalho trato de programas e atividades que de alguma maneira se enquadram no sentido amplo de assistência. Ou seja, de iniciativas de natureza empresarial voltadas para pessoas, idosas ou não, que se beneficiam delas mas não necessitam dos serviços respectivos, diferindo, portanto, do que se conhece comumente como assistência social. Em verdade, é sobretudo esta que está no título do trabalho, com referência ao caso especial dos idosos.

Na sua coluna "Panorama econômico", do jornal *O Globo*, a competente jornalista Miriam Leitão publicou em 23.9.07, com o título "Crianças e velhos", importante artigo sobre a marcante diferença entre aquelas e estes em matéria de proteção social. Ela cita amplamente uma avaliação crítica da Pesquisa Nacional por Amostra de Domicílios, a PNAD, feita pelo economista Ricardo Paes de Barros para o presidente da República. Segundo ela, está dito ali que "o grau de pobreza entre as crianças é mais de quatro vezes maior que entre os idosos". A seu ver, parece fora de dúvida: "Isso cria um desafio a mais para as políticas sociais".

Seu lúcido artigo começa no mesmo tom da avaliação do economista: "As crianças no Brasil são muito mais pobres que os velhos". Na mesma linha de raciocínio ela comenta: "Um país que protege mais seus velhos que suas crianças pode estar construindo um futuro assustador". Com sua reconhecida competência, ela conclui que, em face do resultado do diagnóstico e de que, no seu entender, as políticas sociais tiram mais velhos do que crianças da pobreza, é preciso aperfeiçoá-las.

A conclusão principal de Paes de Barros com base nos dados da PNAD, que Miriam Leitão vigorosamente reforça, confirma o que o também economista Fábio Giambiagi, entre outros, mostra no seu livro *Reforma da Previdência — O Encontro Marcado* (Rio de Janeiro: Elsevier/Campus, 2007), com esta epígrafe: "A difícil escolha entre os nossos pais e os nossos filhos".

Seu texto deixa patente que ele considera mais importante cuidar dos jovens do que dos idosos, quando o nosso sistema de proteção social faz o contrário. Ele bate muito nessa tecla. Por exemplo, em entrevista a Mariza Louven, publicada no jornal *O Globo*, de 27.10.06, com título semelhante ao do livro, "Difícil escolha entre pais e filhos", Giambiagi insiste no erro desse contraste e adverte que "de agora em diante o envelhecimento da população vai se tornar crítico", pois o número de idosos dobrará em 30 anos.

Legislação pertinente

O conceito de assistência ao idoso focalizado nesta oportunidade é o que mais de perto corresponde à assistência social, isto é, ao conjunto de serviços, programas, projetos e iniciativas destinados a pessoas necessitadas de ajuda, a bem dizer para a própria subsistência. Uma vez, porém, que existem outras formas de assistência, entendi que o meu texto ficaria menos incompleto com a inclusão delas.

A legislação referente à assistência propriamente dita é bastante rica. Mais rica, sem dúvida, do que a realidade da sua eficácia. Na verdade, vem desde a Constituição, que logo no seu art. 3º, IV, estabelece o objetivo de "promover o bem de todos", sem preconceitos de idade, entre outros. Aí já está, portanto, o idoso. Logo adiante, define como direito social "a assistência aos desamparados" (art. 6º), o que naturalmente inclui os idosos. Bem mais à frente, no capítulo da ordem social, garante assistência social "a quem necessitar", sob a forma de proteção social à velhice e outros grupos da população (art. 203, I); e outorga "um salário mínimo de benefício" (mais propriamente auxílio) ao deficiente ou idoso. Mais precisamente, está expresso na Constituição: "A família, a sociedade e o Estado têm o dever de amparar as pessoas idosas, assegurando sua participação na comunidade e defendendo sua dignidade e bem-estar e garantindo-lhes o direito à vida" (art. 230).

Depois veio a já mencionada Lei Orgânica da Assistência Social, a LOAS, que, em termos genéricos, assim como o Estatuto é específico, dispõe sobre a organização da assistência médica. Tratando-se como se trata de uma lei geral, virtual código, cujos dispositivos de maior interesse vão aparecer mais tarde em outros documentos legislativos ou administrativos, também parece dispensável analisá-la detidamente.

Temos ainda, como se sabe, vários programas e serviços de natureza assistencial, para muitos assistencialistas, como o Bolsa-família, o Fome-zero, etc., criados sobretudo nos últimos anos. São acusados de sentido principalmente eleitoreiro, o que pode ser verdade, porém é inegável que têm seu mérito, porque de alguma maneira atendem a necessidades de grupos menos favorecidos da população. Deixo de arrolá-los e procurar descrevê-los porque não consegui a tempo elementos para isso, mas pelo menos este ou aquele tem resultados positivos no tocante à assistência ao idoso.

Sem falar nos dispositivos constitucionais pertinentes, o também já citado Estatuto do Idoso é o documento legislativo mais importante para o nosso tema e se destina a "regular os direitos assegurados às pessoas com idade igual ou superior a 60 anos" (art. 1º). Sem prejuízo de outros marcos iniciais, temos aí o conceito básico de idoso. Seus 118 artigos lhe asseguram "todas as oportunidades e facilidades para preservação de sua saúde física e mental e seu aperfeiçoamento intelectual e social, em condições de liberdade e dignidade" (art. 2º).

Como seria de esperar, o Estatuto do Idoso tem sido amplamente interpretado e comentado em livros, ensaios, artigos e outras manifestações. Muitos apontam como sua principal vantagem ter reunido num documento único a farta e complexa legislação sobre a matéria.

Por outro lado, a objeção básica, levantada por juristas e outros especialistas, é que ele vem a ser antes um rol de aspirações do que um instrumento de realidades. Isto é, vale mais pelos seus propósitos do que pela sua eficácia. Nossa Constituição tem sido objeto de crítica idêntica, até certo ponto procedente. Também já se disse que ambos, como outros documentos da mesma natureza, prometem mais do que cumprem, pois, do ponto de vista legislativo, o idoso brasileiro vai muito bem, mas a distância entre a lei e a realidade é enorme. Um dos seus críticos acusou o Estatuto de pretender fazer do idoso o que ele não era como adulto.

Conclusão

Ao consultar bibliografia para desenvolver o meu tema, verifiquei que as consequências e implicações do que já se conhece como problema do idoso causam duas preocupações distintas, ambas consideradas por especialistas e estudiosos extremamente graves. A primeira, duração cada vez maior da existência humana, agravando o crescente número de pessoas idosas, posso dizer que já conhecia. A segunda, porém, não tinha ainda dedicado suficiente atenção.

Refiro-me ao que tem sido apontado como maléfica incongruência do nosso sistema de proteção social: cuidamos mais dos idosos que das crianças. Com o tempo, sustentam os que pensam assim, isso terá consequências desastrosas no que concerne à composição geral da nossa população. Como a correção dessa falha poderá acarretar redução dos recursos destinados à assistência aos idosos, não falta quem se oponha à adoção de medidas corretivas. Já existe, então, polêmica a respeito.

Espero ter apresentado subsídios para o estudo, que se impõe, de ambas as questões aqui suscitadas, como partes essenciais do problema, cada qual mais importante que a outra: aumento da longevidade e prioridade para idosos.

Termino meu despretensioso texto com judiciosas ponderações da demógrafa Ana Amélia Camarano, que citei em outras oportunidades. A seu ver, embora os idosos possam ter necessidades específicas, as leis e programas de proteção social devem observar políticas voltadas para a população como um todo, pois o bem-estar dos idosos está estreitamente ligado ao da sociedade em geral.

DIREITOS DO IDOSO: UMA ANÁLISE DO ESTATUTO DO IDOSO

Carolina Sene Tamburus Scardoelli(*)

Introdução

A preocupação com a proteção das pessoas com idade mais avançada é o foco principal do Estatuto do Idoso, que, por meio de disposições de caráter privado e público, inclusive de natureza penal, instituiu um sistema mais abrangente que o previsto na Política Nacional do Idoso, de 1994.(1)

As regras e princípios inseridos no Estatuto conferem direitos específicos, ao lado de punições severas dirigidas àqueles que intentarem contra seus fundamentos protetivos.

Cabe destacar que a Constituição Federal de 1988, por meio de seu art. 230, já estabelecia uma ampla proteção ao idoso, nos seguintes termos:

> Art. 230. A família, a sociedade e o Estado têm o dever de amparar as pessoas idosas, assegurando sua participação na comunidade, defendendo sua dignidade e bem-estar e garantindo-lhes o direito à vida.
>
> § 1º Os programas de amparo aos idosos serão executados preferencialmente em seus lares.
>
> § 2º Aos maiores de sessenta e cinco anos é garantida a gratuidade dos transportes coletivos urbanos.

Verifica-se, assim, que a Lei n. 10.741/03 veio regulamentar as determinações constitucionais. Para tanto, o Estatuto dispõe sobre os direitos fundamentais dos idosos (arts. 8º a 42), as medidas de proteção (arts. 43 a 45), a política de atendimento ao idoso (arts. 46 a 68), o acesso à justiça (arts. 69 a 92), além de definir crimes específicos (arts. 93 a 108).

Nessa esteira, cumpre fixar o conceito de idoso, de modo que se determine quais sujeitos estão abrangidos pelo sistema protetivo introduzido no ordenamento jurídico pelo Estatuto.

(*) Procuradora Federal do INSS, Mestre em Direito e Professora da UNIFRAN, FABIBE e Faculdade São Luis de Jaboticabal.

(1) Lei n. 8.842, de 4 de janeiro de 1994.

Assim, o art. 1º da legislação especial define como idosa toda pessoa com idade igual ou superior a 60 anos.

Por outro lado, há que se mencionar que alguns direitos previstos no Estatuto só abrangem pessoas com idade superior a 65 anos, como é o caso do transporte coletivo gratuito urbano e semiurbano, em consonância com a previsão constitucional do § 2º do art. 230.

Atribui-se à família, à comunidade, à sociedade e ao Poder Público a obrigação de assegurar ao idoso, com absoluta prioridade, a efetivação do direito à vida, à saúde, à alimentação, à educação, à cultura, ao esporte, ao lazer, ao trabalho, à cidadania, à liberdade, à dignidade, ao respeito e à convivência familiar e comunitária.

Há o destaque para a fixação de garantia de prioridade do idoso, que compreende, dentre outros, o atendimento preferencial imediato e individualizado junto aos órgãos públicos e privados prestadores de serviços públicos; preferência na formulação e execução de políticas sociais públicas específicas; garantia de acesso à rede de saúde e de assistência social; priorização do atendimento do idoso por sua própria família, em detrimento do atendimento asilar, exceto dos que não a possuem ou careçam de condições de manutenção da própria sobrevivência.

Como forma de se viabilizar a implantação das regras de proteção, impõe-se a todo cidadão o dever de comunicar à autoridade competente qualquer forma de violação aos dispositivos do Estatuto que tenha testemunhado ou tomado conhecimento.

Ao lado dos direitos fundamentais do idoso, que serão detalhadamente analisados no presente trabalho, são previstas medidas específicas de proteção, que deverão ser aplicadas, de forma isolada ou cumulativamente, considerando-se seus fins sociais, sempre com o objetivo de fortalecimento dos vínculos familiares e comunitários.(2)

Outra preocupação da legislação específica foi com a disciplina das entidades de atendimento ao idoso, sujeitas à fiscalização pelos Conselhos do Idoso, Ministério Público e Vigilância Sanitária. Tais entidades devem oferecer instalações físicas em condições adequadas de habitação, higiene e segurança, além de observar as obrigações descritas no art. 50, sob pena de incorrerem em penalidades e outras infrações administrativas.

---

(2) Tais medidas estão previstas no art. 44 e compreendem: o encaminhamento à família ou curador, mediante termo de responsabilidade; orientação, apoio e acompanhamento temporários; requisição para tratamento de sua saúde, em regime ambulatorial, hospitalar ou domiciliar; inclusão em programa oficial ou comunitário de auxílio, orientação e tratamento a usuários dependentes de drogas lícitas ou ilícitas, ao próprio idoso ou à pessoa de sua convivência que lhe cause perturbação; abrigo em entidade e abrigo temporário.

1. *Direitos fundamentais previstos no Estatuto do Idoso*

Conforme já restou mencionado, a Lei n. 10.741/03 prevê, em seus arts. 8º a 42, direitos fundamentais do idoso.

Alguns direitos refletem diretamente previsões constitucionais, como o direito à vida, liberdade e dignidade, enquanto outros introduzem proteção específica, direcionada para a população idosa.

Importante destacar que o Estatuto teve, ainda, o condão de reunir as previsões legais esparsas até então vigentes sobre a matéria, criando um corpo legal sólido e vocacionado à proteção do idoso.

1.1. Direito à vida

A Constituição Federal de 1988, em seu art. 5º, *caput*, garante a inviolabilidade do direito à vida aos brasileiros e aos estrangeiros residentes no País.

O Estatuto, por sua vez, traz previsão específica, elevando o envelhecimento à categoria de um direito personalíssimo, constituindo sua proteção um direito social da pessoa.

Para tanto, impõe como obrigação estatal a efetivação de políticas sociais públicas que permitam um envelhecimento saudável e com dignidade, de modo a garantir ao idoso a proteção à vida e à saúde.

O direito à vida deve ser aqui compreendido em seu sentido mais amplo, ou seja, no sentido de incluir não apenas o estado meramente físico-biológico da vida, mas, essencialmente, o direito a uma vida saudável, com respeito, dignidade e amparo de toda a sociedade, em especial do núcleo familiar respectivo.

Todas as demais disposições do Estatuto estão, de uma forma ou de outra, conectadas ao direito à vida, uma vez que este deve ser visto em seu sentido *lato*, de modo a abranger todos os aspectos físicos, sociais, intelectuais, culturais e familiares, num amplo espectro de relações representadas por direitos e deveres.

1.2. Direito à liberdade, ao respeito e à dignidade

Como consequência lógica da proteção ampla ao direito à vida, a legislação específica, em seu art. 10, traz previsão de obrigação do Estado e da sociedade, no sentido de se assegurar ao idoso o direito à liberdade, ao respeito e à dignidade, considerando-o como pessoa humana e sujeito de direitos civis, políticos, individuais e sociais.

Prevê como expressão do direito à liberdade, dentre outros: a faculdade de ir, vir e estar nos logradouros públicos e espaços comunitários (com observância das restrições legais); a opinião e a expressão; a crença e o culto religioso; a prática de esportes e diversões; a participação na vida familiar e comunitária, bem como na vida política (na forma da lei).

O direito ao respeito, de outro lado, consiste na inviolabilidade da integridade física, psíquica e moral, incluindo a proteção da imagem, da identidade e da autonomia, além da preservação de seus valores, ideias e crenças, bem como de seus espaços e objetos pessoais.

Verifica-se, assim, que a proteção é ampla, composta pela multiplicidade de fatores biológicos, culturais e sociais, devendo o idoso ter sua identidade e ambiente preservados, de modo que se sinta acolhido e respeitado no meio familiar e na sociedade como um todo.

O Estatuto preocupa-se também com a própria dignidade do idoso, dispondo que todos devem zelar por ela, colocando-o a salvo de qualquer tratamento desumano, violento, constrangedor ou vexatório.

Destaca-se que a dignidade da pessoa humana constitui fundamento da República Federativa do Brasil[3], sendo certo que o intuito do Estatuto foi o de reforçar a previsão constitucional, impondo a todos os membros da sociedade brasileira, civis e órgãos públicos constituídos, o dever de evitar qualquer conduta, seja por meio de ação ou omissão, que venha a atingir a esfera da dignidade da pessoa idosa.

A preocupação se mostra legítima notadamente diante da situação de maior fragilidade (tanto no aspecto físico quanto emocional) daquelas pessoas que já suplantaram os 60 (sessenta) anos de idade, exigindo que todos exerçam uma tutela firme, a fim de se evitar atos atentatórios da dignidade.

1.3. Dos alimentos

Especial atenção foi conferida ao direito da pessoa idosa aos alimentos, dispondo o art. 11 da legislação especial que serão prestados ao idoso na forma da lei civil.

Cabe, por oportuno, assinalar que o atual Código Civil brasileiro[4] cuida da matéria em seus arts. 1.694 a 1.710.

No referido diploma legal consta que os alimentos podem ser solicitados aos parentes, cônjuges ou companheiros, observada a proporcionalidade entre as necessidades do reclamante e as possibilidades da pessoa obrigada a prestá-los.

(3) Art. 1º, III, Constituição Federal de 1988.
(4) Lei n. 10.406, de 10 de janeiro de 2002.

Essa proporcionalidade exige que aquele que pretende receber alimentos não tenha bens suficientes, tampouco tenha condições de prover sua mantença. De outro lado, aquele obrigado deverá ter condições de prestar alimentos sem que, com isso, tenha um desfalque do necessário para seu sustento.

Regra especial do Código Civil impõe que o direito à prestação de alimentos é recíproco entre pais e filhos, podendo ser estendido a todos os ascendentes, observando-se os mais próximos em grau e, na falta dos ascendentes, a obrigação caberá aos descendentes, guardada a ordem de sucessão e, faltando estes, aos irmãos.

Já o art. 12 da Lei n. 10.741/03 dispõe que a obrigação alimentar em relação ao idoso é solidária, cabendo a este optar entre os prestadores.

Interpretando as regras civis com o conteúdo do art. 12 mencionado, chega-se à conclusão de que a pessoa idosa que vier a necessitar de prestação de alimentos poderá requerê-los de quaisquer das pessoas obrigadas segundo a legislação civil, independentemente da ordem estabelecida naquele diploma, ante a previsão estatutária expressa da solidariedade.

Assim, deve o idoso exercer a opção entre requerer alimentos dos seus ascendentes (o que na prática é muito pouco razoável, ante a remota possibilidade da existência de ascendentes), descendentes ou irmãos, de modo que, pela regra estatutária, estará liberado para escolher aquele obrigado civilmente que maior capacidade financeira tenha para lhe prestar alimentos.

O intuito legal é evidente: facilitar e tornar mais ágil a prestação de alimentos à pessoa idosa, pois, na maioria das vezes, possuem necessidades imediatas com sua manutenção (moradia, alimentação, saúde, dentre outras).

Outra regra que corrobora o intuito protetivo do Estatuto prevê que as transações relativas a alimentos possam ser celebradas perante membro do Ministério Público, que as referendará. Tais transações aprovadas pelo Promotor de Justiça passam a ter efeito de título executivo extrajudicial, nos termos da lei processual civil.

Facilita-se, assim, a celebração de acordos entre o idoso e a pessoa obrigada a prestar alimentos, sem, contudo, deixar de proteger a pessoa idosa que, nos casos de descumprimento, poderá valer-se do acordo celebrado com o referendo do Ministério Público como título hábil a dar início a uma execução perante o devedor de alimentos.

Preocupa-se o Estatuto, ademais, com aquelas situações nas quais nem o idoso, tampouco seus familiares, possuam condições econômicas de prover o seu sustento, impondo-se, em última instância, a obrigação de assistência ao Poder Público.

1.4. Direito à saúde

O direito à saúde também mereceu especial tratamento, assegurando o Estatuto atenção integral à saúde do idoso, por meio do SUS (Sistema Único de Saúde), com acesso universal e igualitário aos serviços, impondo-se a prestação articulada de ações voltadas para a prevenção, proteção e recuperação da saúde, especialmente no que se refere às doenças que mais afetam a população idosa.

Inclui-se no tratamento especial destinado ao idoso a previsão de instalação de unidades geriátricas de referência, dotadas de pessoal especializado nas áreas de geriatria e gerontologia social, bem como o atendimento domiciliar, incluindo a internação, quando houver necessidade, diante da impossibilidade de locomoção.

Os idosos deficientes ou com limitação incapacitante deverão ser submetidos a atendimento especializado.

Em complemento às ações especiais delineadas para o idoso, também há a obrigação do Poder Público de fornecer medicamentos gratuitos, notadamente aqueles de uso contínuo, além de próteses, órteses e outros recursos destinados ao tratamento, habilitação ou reabilitação.

Merece atenção a regra do § 3º do art. 15 do Estatuto, que veda a discriminação do idoso nos planos de saúde através da cobrança de valores diferenciados em razão da idade.

Estabeleceu-se, assim, regra limitativa para os reajustes de planos de saúde, de modo que o fator idade não possa ser utilizado como fator discriminante.

Duas posições se formaram em torno da aplicabilidade de tal regra: (i) aplicação aos contratos de planos de saúde assinados antes de sua entrada em vigor; ou (ii) validade somente para os contratos que forem assinados depois de 1º de janeiro de 2004.

A ANS (Agência Nacional de Saúde Suplementar), com o objetivo de regulamentar a citada regra, editou a Resolução Normativa (RN) n. 63, de 22 de dezembro de 2003.

Segundo o órgão estatal, as normas estabelecidas na RN 63/03 só valem para os contratos firmados a partir de 1º de janeiro de 2004. Para disciplinar a questão, foi estabelecida uma tabela contendo dez faixas etárias, sendo que a última faixa compreende as pessoas com 59 anos ou mais. A partir desse limite de idade não se mostra possível qualquer reajuste diferenciado nos planos de saúde que leve em consideração a idade do segurado.

A ANS também determinou que o valor fixado para a última faixa etária não poderá ser superior a seis vezes o valor da primeira faixa etária, bem como que a variação acumulada entre a sétima e a décima faixas não poderá ser superior à variação acumulada entre a primeira e a sétima faixas.

Desse modo, tentou-se conformar a regra do § 3º art. 15 do Estatuto do Idoso com a necessidade de reajustes contratuais para a manutenção do equilíbrio financeiro e atuarial dos planos de saúde.

Por outro lado, idosos que possuem planos de saúde têm ajuizado inúmeras ações no Poder Judiciário com o fim de obter provimento judicial que imponha a observância da citada regra limitativa também para os contratos firmados anteriormente à entrada em vigor do Estatuto.

A jurisprudência pátria ainda não se pacificou, mas existem diversos precedentes favoráveis aos idosos.

Tais decisões favoráveis utilizam como fundamento o fato de tais contratações representarem contrato de trato sucessivo. Aliado a isso, tem-se que estão amparados direitos de ordem pública, descritos no Estatuto do Idoso.

Assim, para aqueles que defendem a imediata aplicação do Estatuto aos contratos anteriormente firmados, tal limitação deve ser aplicada a partir do dia 1º de janeiro de 2004, devendo ser observadas as mesmas regras impostas pela ANS na RN 63/03.

Precedente favorável é a Apelação Cível n. 427.974.4/0-00, julgada pela 4ª Câmara de Direito Privado do Tribunal de Justiça de São Paulo, em 11 de outubro de 2007, no qual se decidiu que as normas estabelecidas no Estatuto do Idoso e pela ANS, por serem normas de ordem pública, podem retroagir para atingir contratos celebrados preteritamente. Em consequência, condenou-se a operadora do plano de saúde a observar os limites descritos na RN 63/03.(5)

Outro direito relacionado à saúde do idoso assegurado é o de ter acompanhante em caso de internação, devendo o órgão de saúde proporcionar condições adequadas para sua permanência em tempo integral, observadas as prescrições médicas.

Assim, caso a pessoa idosa venha a necessitar de internação para cuidados médicos, terá direito à permanência de um acompanhante, mediante autorização do profissional de saúde responsável pelo atendimento ou, caso essa permanência seja impossível, deverá o profissional apresentar justificativa por escrito.

Tal previsão procura trazer maior conforto e segurança ao idoso, uma vez que, naturalmente, em situações de enfermidades, as pessoas se fragilizam, sendo essencial o apoio e auxílio de parentes ou amigos.

---

(5) Outro precedente favorável: Agravo de Instrumento n. 530.173.4/3-00 — 5ª Câmara de Direito Privado do Tribunal de Justiça de São Paulo — Julgado em 19 de dezembro de 2007.

Assegura-se, ainda, ao idoso que esteja no domínio de suas faculdades mentais o direito de escolher o tratamento de saúde que reputar mais favorável. Aquele que possui mais de 60 anos, salvo no caso de enfermidades mentais, possui pleno juízo e consciência de seus atos, de modo a estar capacitado a decidir qual o melhor tratamento, segundo seus critérios.

Todavia, no caso de o idoso não se encontrar em condições de exercer a opção pelo tratamento, esta deverá ser feita, segundo o Estatuto, pelo curador, quando o idoso for interditado; pelos familiares, quando o idoso não tiver curador ou este não puder ser localizado em tempo hábil; pelo médico, quando ocorrer iminente risco de vida e não houver tempo hábil para consulta a curador ou familiar; pelo próprio médico, quando não houver curador ou familiar conhecido, caso em que deverá comunicar o fato ao Ministério Público.

Por fim, no que se refere à saúde, o Estatuto impõe que as instituições de saúde observem critérios mínimos para atendimento ao idoso, inclusive mediante a promoção de treinamento e capacitação dos profissionais, além de orientação a familiares e pessoas próximas, como grupos de apoio.

Ao lado de tais condutas, todo profissional da saúde está obrigado pelo Estatuto a comunicar qualquer caso de suspeita ou confirmação de maus-tratos contra idosos para um dos seguintes órgãos: autoridade policial, Ministério Público, Conselho Municipal do Idoso, Conselho Estadual do Idoso ou Conselho Nacional do Idoso.

1.5. Da educação, cultura, esporte e lazer

Disciplinadas as regras sobre a proteção à saúde do idoso, coube ao Estatuto a disciplina de direitos relacionados às áreas de educação, cultura, esporte e lazer, observada, em qualquer caso, sua peculiar condição de idade.

Impôs como obrigação estatal a criação de oportunidades de acesso da pessoa idosa à educação, mediante a adequação de currículos, metodologia e material didático aos programas educacionais a ele destinados. Nesse sentido, o Estatuto determina que o Poder Público deve apoiar a criação de universidade aberta para as pessoas idosas, bem como deverá incentivar a publicação de livros e periódicos com conteúdo adequado para o idoso, facilitando a leitura, devido à natural redução de sua acuidade visual.

Como exemplo de tais previsões tem-se a instalação dos programas denominados Universidade da Terceira Idade, mantidos por diversas instituições de ensino superior.(6)

(6) Para maiores informações, seguem alguns *links*: USP — <http://www.usp.br/prc/3idade/capa_cidade.php?cidade=rp>.
Universidade Federal de São Paulo — Escola Paulista de Medicina — <http://www.virtual.epm.br/uati/uati.htm>.
UERJ — <http://www.unati.uerj.br/>.
UNESP — <http://www.unesp.br/proex/>.

Sob outro enfoque, também na esfera educacional, o Estatuto determina que os currículos mínimos dos diversos níveis de ensino formal deverão prever conteúdos dirigidos ao processo de envelhecimento, com ensinamentos sobre respeito e valorização do idoso, com vistas a eliminar o preconceito e a gerar conhecimento sobre o tema.

Ainda no contexto de preocupação com a promoção de educação, cultura e lazer da pessoa idosa, devem os meios de comunicação manter espaços ou horários especiais em suas grades, destinados e desenvolvidos especialmente para os idosos, com a finalidade informativa, educativa, cultural, artística, bem como programas destinados ao público em geral com o objetivo de discutir o processo de envelhecimento.

Consta, ademais, regra especial para as atividades culturais e de lazer, representada pelo direito de participação do idoso mediante descontos de, pelo menos, 50% nos ingressos para eventos artísticos, culturais, esportivos e de lazer em geral, além de prioridade no acesso aos respectivos locais.

Para utilização de tal benefício basta que o idoso apresente qualquer documento oficial de identificação com foto, como cédula de identidade, carteira nacional de habilitação e carteira de trabalho e previdência social.

Cabe assinalar importante iniciativa promovida pelo Estado de São Paulo, por meio da Secretaria de Esporte, Lazer e Turismo em conjunto com o Fundo Social de Solidariedade, representada pela realização dos Jogos Regionais do Idoso, com o objetivo de contribuir "para reverter a imagem do idoso em nossa sociedade e conquistar o respeito das demais gerações; sensibilizar a sociedade para novas formas de participação da pessoa idosa; proporcionar canais de comunicação, convívio social, troca de experiências entre essas pessoas e as demais gerações; valorizar e estimular a prática esportiva, como fator de promoção de saúde e bem-estar, resgatando a autoestima para melhor convívio social".(7)

1.6. Da profissionalização e do trabalho

Na sequência, o Estatuto direciona-se para a proteção do trabalho e profissão desenvolvidos pela pessoa idosa, prescrevendo que o idoso tem direito ao exercício de atividade profissional, com respeito a suas condições físicas, intelectuais e psíquicas.

Trata-se de regra protetiva e não discriminatória. Em outros termos, deve ser utilizada com intuito de proteção do trabalhador idoso e não como forma de mascarar preconceito.

---

(7) Para maiores informações, acesse: <http://www.selt.sp.gov.br/regulamentos.php>.

Desse modo, não deve a pessoa idosa ser contratada para desenvolver trabalhos penosos, insalubres, que envolvam trabalho pesado, sobrecarga de horário ou com carga psicológica de muita pressão, uma vez que tais ocupações deixam de observar os limites e condições inerentes ao idoso.

O Poder Público tem o encargo de criar e estimular programas de profissionalização destinados aos idosos, com aproveitamento de suas habilidades e potenciais para atividades regulares e remuneradas.

De outro lado, devem os trabalhadores ser preparados para a aposentadoria, com antecedência mínima de um ano, por meio de estímulo a novos projetos sociais, de seu interesse, além de esclarecimento sobre os direitos sociais e de cidadania.[8]

Ainda com intuito de inserção do idoso no mercado de trabalho, o Estatuto prevê que o Poder Público deverá criar estímulo às empresas privadas para admissão de idosos ao trabalho.[9]

Importante regra vem descrita no art. 27 do Estatuto, segundo a qual, na admissão do idoso em qualquer posto de trabalho ou emprego, é proibida a discriminação, bem como a fixação de limite máximo de idade, inclusive para concursos, exceto quando a natureza do cargo o exigir.

O referido dispositivo está em consonância com o previsto no inciso XXX do art. 7º da Constituição Federal de 1988, que prevê como direito dos trabalhadores urbanos e rurais a proibição de diferença de salários, de exercício de funções e de critério de admissão por motivo de sexo, idade, cor ou estado civil.

No mesmo sentido, encontra-se o teor da Súmula n. 683 do Supremo Tribunal Federal, que dispõe que "O limite de idade para a inscrição em concurso público só se legitima em face do art. 7º, XXX, da Constituição, quando possa ser justificado pela natureza das atribuições do cargo a ser preenchido".

Muito debatido é o tema de limitação em concurso público em decorrência de determinada idade-limite. Vários concursos públicos para carreiras jurídicas, por exemplo, continham limitações de idade máxima para inscrição. Tal restrição não mais se justifica em face do art. 27 do Estatuto, que veio conferir eficácia e legitimidade ao comando constitucional do inciso XXX do art. 7º.

As carreiras jurídicas (Magistratura, Ministério Público, Procuradorias, por exemplo) são eminentemente intelectuais, não subsistindo argumentos

(8) Ressalta-se que o presente livro tem por objetivo exatamente preparar o trabalhador para a sua aposentadoria, mediante uma coletânea de artigos sobre diversas áreas do conhecimento relacionadas ao tema, especialmente áreas jurídica, social e educacional.

(9) Interessante estudo foi realizado pelo consultor legislativo Adolfo Furtado sobre a participação do idoso no mercado de trabalho brasileiro. Disponível em: <http://www2.camara.gov.br/internet/publicacoes/estnottec/tema8/2004_13576.pdf>.

que justifiquem a imposição de um limite máximo de idade para participação nos seus concursos de ingresso.

Por outro lado, a regra em comento do Estatuto do Idoso deve ser conjugada com a norma constitucional prevista no art. 40, § 1º, II, que dispõe que os servidores titulares de cargo efetivos na União, Estados, Distrito Federal e Municípios serão aposentados compulsoriamente, aos 70 anos de idade, com proventos proporcionais ao tempo de contribuição.

Dessa forma, há um limite máximo para o ingresso no serviço público por meio de concurso público, qual seja, 70 anos, limite este previsto na própria Constituição Federal.

Há, ainda, previsão no Estatuto de que, nos concursos públicos, o primeiro critério de desempate será a idade, com preferência para o candidato de idade mais avançada.

Objetiva-se, com essa previsão estatutária, conferir uma proteção maior ao candidato mais idoso que tenha obtido a mesma pontuação que outro candidato nas fases integrantes do concurso, efetivando, assim, a prioridade garantida de um modo geral na Lei n. 10.741/03.

1.7. Da previdência social

Preocupou-se o Estatuto também com a disciplina de questões relacionadas à Previdência Social, como a previsão do princípio da preservação do valor real dos benefícios.[10]

Tal princípio possui fundamento nos §§ 3º e 4º do art. 201 da Constituição Federal de 1988, significando que tanto os salários-de-contribuição, considerados para a incidência da contribuição previdenciária e cálculo do salário-de-benefício, como o valor do benefício em si deverão ser periodicamente reajustados de modo a preservar-lhes o valor real, conforme critérios definidos em lei.[11]

Outra previsão é a de que, para a concessão da aposentadoria por idade, desde que o segurado conte com, no mínimo, o tempo de contribuição corres-

(10) Art. 29 do Estatuto: "Os benefícios de aposentadoria e pensão do Regime Geral da Previdência Social observarão, na sua concessão, critérios de cálculo que preservem o valor real dos salários sobre os quais incidiram contribuição, nos termos da legislação vigente. Parágrafo único. Os valores dos benefícios em manutenção serão reajustados na mesma data de reajuste do salário mínimo, *pro rata*, de acordo com suas respectivas datas de início ou do seu último reajustamento, com base em percentual definido em regulamento, observados os critérios estabelecidos pela Lei n. 8.213, de 24 de julho de 1991".

(11) Art. 201, CF/88: (...) "§ 3º Todos os salários de contribuição considerados para o cálculo de benefício serão devidamente atualizados, na forma da lei"; (Redação dada pela Emenda Constitucional n. 20, de 1998.) "§ 4º É assegurado o reajustamento dos benefícios para preservar-lhes, em caráter permanente, o valor real, conforme critérios definidos em lei". (Redação dada pela Emenda Constitucional n. 20, de 1998.)

pondente ao exigido para efeito de carência na data do requerimento administrativo, não será considerada a perda da qualidade de segurado.(12)

Para uma melhor compreensão da citada previsão, remete-se à leitura do artigo "As possibilidades de aposentadoria no direito público brasileiro".

Determina-se que o Instituto Nacional do Seguro Social (INSS), quando do pagamento de parcelas relativas a benefícios efetuadas em atraso, atualize os valores a serem pagos pelo mesmo índice utilizado(13) para os reajustes dos benefícios do Regime Geral de Previdência Social, garantindo-se que o aposentado não venha a sofrer prejuízos em virtude da demora do órgão público na análise e deferimento do benefício.

Por fim, institui-se como a data-base para o reajuste do valor dos benefícios de aposentadorias e pensões o dia mundial do trabalho, comemorado em 1º de maio de cada ano.

Verifica-se que o Estatuto do Idoso teve, no que se refere à Previdência Social, uma preocupação bem específica, qual seja, garantir que o valor dos benefícios a serem pagos aos segurados idosos, por ocasião da concessão de aposentadorias e pensões, mantenha seu valor real, assegurando a manutenção da qualidade de vida (com dignidade) quando da inatividade.

1.8. Da assistência social

A Assistência Social também foi objeto de disposição pelo Estatuto. Cumpre, em primeiro lugar, assinalar que a Assistência Social integra o Sistema de Seguridade Social, com regras especificadas nos arts. 203 e 204 da Constituição Federal de 1988.

Distingue-se da Previdência Social por não exigir contraprestação pecuniária (contribuição) dos seus beneficiários, como ocorre no sistema previdenciário.

Pelo texto constitucional, a Assistência Social tem por objetivo, dentre outros, a proteção à velhice (art. 203, I, CF/88).

A Constituição Federal prevê a garantia de um salário mínimo de benefício mensal à pessoa portadora de deficiência e ao idoso que comprovem não possuir meios de prover à própria manutenção ou de tê-la provida por sua família, conforme dispuser a lei (art. 203, V, CF/88).

Tal benefício assistencial foi disciplinado pela Lei Orgânica da Assistência Social (LOAS — Lei n. 8.742/93) que, em seu art. 70, dispõe que o benefício de prestação continuada corresponde à garantia de um salário mínimo men-

(12) O art. 30 da Lei n. 10.741/03 repete a previsão do § 1º do art. 3º da Lei n. 10.666, de 8 de maio de 2003.
(13) Particularmente no que se refere à Previdência Social, consultar artigo sobre Sistema Previdenciário Nacional e as possibilidades de aposentadoria.

sal à pessoa portadora de deficiência e ao idoso com 70 anos ou mais e que comprovem não possuir meios de prover a própria manutenção e nem de tê-la provida por sua família.

Ao lado de comprovar o preenchimento do requisito etário (idade mínima) ou deficiência, deve a pessoa postulante comprovar que não possui condições de prover sua própria manutenção ou tê-la provida pelos membros componentes do seu grupo familiar.

Para tanto, a LOAS fixou como parâmetro para consideração de incapacidade de manutenção que a renda mensal *per capita* do núcleo familiar seja inferior a 1/4 do salário mínimo.(14)

A idade mínima para se preencher o requisito era, assim, de 70 anos. A própria LOAS, em seu art. 38, determinou que, a partir de 1º de janeiro de 1998, a idade exigida fosse reduzida para 67 anos.

Com o advento do Estatuto do Idoso a idade mínima mais uma vez foi alterada, vez que, por força do disposto no art. 34, passou a ser de 65 anos de idade.

Desse modo, a partir da vigência do Estatuto do Idoso, terá preenchido o requisito etário para a obtenção do benefício assistencial aquele que atingir a idade de 65 anos.

O Estatuto também trouxe previsão no que diz respeito ao requisito da renda *per capita*, dispondo que o benefício de amparo social ao idoso já concedido a qualquer membro da família não será computado para os fins de cálculo da renda familiar *per capita* a que se refere a LOAS.(15)

Assim, a partir da entrada em vigor do Estatuto, não só a idade veio a ser reduzida para 65 anos, como se alterou a forma de se apurar a renda mensal *per capita* familiar, uma vez que, quando um dos componentes do grupo familiar já for beneficiário de amparo social ao idoso, o valor por ele percebido a tal título não integrará o cálculo da renda da família.

Observe-se que o intuito legal foi o de apenas desconsiderar eventual valor recebido a título de amparo social ao idoso quando outra pessoa idosa, componente do mesmo núcleo familiar, pleitear a concessão do mesmo benefício.

---

(14) Há que se ressaltar que tal dispositivo da Lei n. 8.742/93 (LOAS) foi declarado constitucional pelo Supremo Tribunal Federal na ADIn n.1.232. Todavia, com a edição e implementação de novos programas assistenciais pelo Governo Federal, nos quais se elege critério diferente de 1/4 do salário mínimo como renda *per capita*, surgiram decisões judiciais favoráveis à aplicação do limite previsto na LOAS em conjunto com outras circunstâncias, de modo que, se restar comprovada a necessidade de manutenção no caso concreto, seja concedido o benefício assistencial. Cite-se, por exemplo, decisão proferida pelo TRF da 3ª Região, no julgamento da Apelação Cível n. 857340 — 1ª Turma — Rel. Des. Fed. Johonson Di Salvo, DJU 6.5.03.

(15) Parágrafo único do art. 34 do Estatuto do Idoso.

Assim, o texto legal não autoriza a desconsideração de outros benefícios recebidos no âmbito familiar, ainda que sejam no valor de um salário mínimo.[16]

Determina o Estatuto, ademais, que todas as entidades de longa permanência, ou casa-lar, são obrigadas a firmar contrato de prestação de serviços com a pessoa idosa abrigada, sendo que, no caso de entidades filantrópicas, ou casa-lar, é facultada a cobrança de participação do idoso no custeio da entidade, desde que não exceda a 70% de qualquer benefício previdenciário ou de assistência social percebido pelo idoso.[17]

Por fim, encontra-se a regra segundo a qual o idoso acolhido em situação de risco social, por adulto ou núcleo familiar, é caracterizado como dependente economicamente, para os efeitos legais.

1.9. Da habitação

O direito a uma moradia digna, junto à família (ou desacompanhado dos familiares se assim desejar) ou à instituição pública ou privada, também está assegurado pelo Estatuto.

Impõe-se ao Estado o dever de prestar assistência integral na modalidade de entidade de longa permanência quando inexistente grupo familiar, casa-lar ou constatar-se a carência de recursos financeiros próprios ou da família.

São impostas várias regras a serem observadas pelas entidades que se dediquem ao atendimento de pessoas idosas, de modo a se manter um padrão de habitação compatível com suas necessidades, além de provê-los com uma alimentação saudável, mantendo-se a higiene e condições sanitárias adequadas, sob pena de sanção.[18]

No que se refere aos direitos do idoso, importante a regra do art. 38, segundo a qual, nos programas habitacionais, públicos ou subsidiados com recursos públicos, o idoso goza de prioridade na aquisição de imóvel para moradia.

Tal prioridade consiste no direito de reserva de 3% das unidades residenciais para atendimento aos idosos.

---

(16) Tem surgido posicionamento contrário, sustentando a aplicação analógica do parágrafo único do art. 34 do Estatuto quando algum membro do núcleo familiar for beneficiário de qualquer benefício no importe de um salário mínimo, como, por exemplo, amparo social ao deficiente, aposentadoria rural etc. Cite-se, como exemplo, decisão proferida pelo TRF da 3ª Região no julgamento da Apelação Cível n. 836.063 — 10ª Turma — Rel. Juiz Galvão Miranda — DJU 13.12.04.

(17) O art. 35, § 3º, do Estatuto dispõe que, se a pessoa idosa for incapaz, caberá a seu representante legal firmar o referido contrato.

(18) O Estatuto elenca as regras a serem cumpridas pelas entidades de atendimento ao idoso nos arts. 48 a 50. Já as infrações administrativas constam dos arts. 56 a 58.

Assim, em todos os programas de habitação em que houver dinheiro público envolvido, as pessoas maiores de 60 anos de idade terão direito a que, do total de unidades disponibilizadas, 3% lhes sejam destinadas. Tal garantia busca efetivar o direito a uma moradia digna e segura.[19]

Além de tal benefício, existem outras prioridades a ser observadas nos referidos programas habitacionais, consistentes na implantação de equipamentos urbanos comunitários voltados ao idoso, na eliminação de barreiras arquitetônicas e urbanísticas, para garantia de acessibilidade ao idoso e na fixação de critérios de financiamento compatíveis com os rendimentos de aposentadoria e pensão.

1.10. Do transporte

Na área do transporte, vários direitos são assegurados às pessoas idosas.

Em primeiro lugar, as pessoas maiores de 65 anos de idade têm assegurada a gratuidade dos transportes coletivos públicos urbanos e semiurbanos, com exceção dos serviços seletivos e especiais, estes quando prestados paralelamente aos serviços regulares.

Há que se ressaltar que nem todo idoso (pessoa com idade igual ou superior a sessenta anos) tem essa garantia, mas apenas aqueles que tiverem 65 anos de idade ou mais.[20]

Para usufruir de citada garantia, basta que o idoso com mais de 65 anos de idade apresente qualquer documento oficial de identificação com foto, como documento de identidade (RG) ou carteira nacional de habilitação (CNH).[21]

Ainda com o intuito de viabilizar um transporte público coletivo urbano e semiurbano com condições mínimas de segurança e dignidade, impõe-se que 10% dos assentos sejam reservados para as pessoas idosas (pessoa com idade igual ou superior a 60 anos de idade), devendo tal reserva ser identificada com a placa de "reservado preferencialmente para idosos".

Já no que se refere ao transporte coletivo interestadual, existe a garantia de que duas vagas sejam reservadas, gratuitamente, para idosos com renda

(19) Observa-se que algumas legislações estaduais também têm assegurado às pessoas portadoras de deficiência ou às famílias que as possuam em seu seio o direito à reserva de um percentual do número de unidades habitacionais comercializadas com dinheiro público estadual. É o caso do Estado de São Paulo que, pela Lei n. 10.844, de 5 de julho de 2001, assegura a reserva de 7% de todos os imóveis populares comercializados pelo Estado de São Paulo.

(20) O § 3º do art. 39 do Estatuto dispõe que: "No caso das pessoas compreendidas na faixa etária entre 60 (sessenta) e 65 (sessenta e cinco) anos, ficará a critério da legislação local dispor sobre as condições para exercício da gratuidade nos meios de transporte previstos no *caput* deste artigo".

(21) Ressalta-se que a previsão do art. 39 do Estatuto do Idoso apenas repete o disposto no § 2º do art. 230 da Constituição Federal de 1988, tendo sido julgada improcedente a Ação Direta de Inconstitucionalidade promovida em face do citado art. 39 (Supremo Tribunal Federal — ADIn n. 3.768).

igual ou inferior a dois salários mínimos, além da previsão de desconto de 50%, no mínimo, no valor das passagens para os idosos que excederem as vagas gratuitas, com renda igual ou inferior a dois salários mínimos.

Cabe aos órgãos competentes definir os mecanismos e os critérios para o exercício desses direitos.

Em atendimento a essa previsão, foi editado o Decreto n. 5.934, de 18 de outubro de 2006.[22]

O idoso, para fazer uso da reserva, deverá solicitar um único "Bilhete de Viagem do Idoso", nos pontos de venda próprios da transportadora, com antecedência de, pelo menos, três horas em relação ao horário de partida do ponto inicial da linha do serviço de transporte, podendo solicitar a emissão do bilhete de viagem de retorno, respeitados os procedimentos da venda de bilhete de passagem, no que couber.

Após o prazo estipulado, os assentos reservados que não tenham sido objeto de concessão do benefício aos idosos poderão ser colocados à venda. Por outro lado, enquanto não comercializados, continuarão disponíveis para o exercício do benefício da gratuidade.

No dia marcado para a viagem, o idoso deverá comparecer ao terminal de embarque até trinta minutos antes da hora marcada para o início da viagem, sob pena de perda do benefício.

Destaca-se que o "Bilhete de Viagem do Idoso" e o bilhete com desconto do valor da passagem são intransferíveis.

Para exercer o direito ao desconto mínimo de 50% do valor da passagem para os demais assentos do veículo, o idoso deverá adquirir o bilhete de passagem obedecendo aos seguintes prazos:

I — para viagens com distância até 500 km, com, no máximo, seis horas de antecedência; e

II — para viagens com distância acima de 500 km, com, no máximo, doze horas de antecedência.

A comprovação de renda será feita mediante a apresentação de um dos seguintes documentos:

— Carteira de Trabalho e Previdência Social com anotações atualizadas;

— contracheque de pagamento ou documento expedido pelo empregador;

— carnê de contribuição para o Instituto Nacional do Seguro Social (INSS);

---

(22) A Agência Nacional de Transportes Terrestres (ANTT), por sua vez, aprovou as Resoluções n. 653, de 27 de julho de 2004 (transporte rodoviário interestadual de passageiros), e n. 2.030, de 23 de maio de 2007 (transporte ferroviário interestadual regular de passageiros).

— extrato de pagamento de benefício ou declaração fornecida pelo INSS ou outro regime de previdência social público ou privado; ou

— documento ou carteira emitida pelas Secretarias Estaduais ou Municipais de Assistência Social ou congêneres.

Há que se mencionar que a regulamentação desses direitos prevê que não estão incluídas no benefício as tarifas de pedágio e de utilização dos terminais e as despesas com alimentação.

Ainda no que se refere ao direito ao transporte, o Estatuto do Idoso assegura a reserva de 5% das vagas nos estacionamentos públicos e privados, as quais deverão ser posicionadas de forma a garantir melhor comodidade ao idoso.

Por fim, garante-se a prioridade do idoso no embarque no sistema de transporte coletivo.

2. *Do acesso à justiça*

O Estatuto do Idoso, no Título V, traz algumas prioridades e direitos à pessoa idosa relativos ao acesso à Justiça.

Nesse sentido, assegura-se prioridade na tramitação dos processos e procedimentos, bem como na execução dos atos e diligências judiciais, em que figure como parte ou interveniente pessoa com idade igual ou superior a 60 anos, em qualquer instância.

Estende-se o citado direito aos processos e procedimentos na Administração Pública, empresas prestadoras de serviços públicos e instituições financeiras, bem como se garante atendimento preferencial junto à Defensoria Pública da União, dos Estados e do Distrito Federal.

Para fazer valer esse benefício deverá o interessado formular requerimento à autoridade judiciária ou administrativa competente, com prova de sua idade, que determinará as providências a serem cumpridas, inclusive com a anotação dessa circunstância em local visível nos autos do processo/procedimento.

Tal prioridade, uma vez solicitada e reconhecida, não cessará com a morte do beneficiado, estendendo-se em favor do cônjuge supérstite ou companheiro(a), desde que contem essas pessoas com mais de 60 anos de idade.

Destaca-se que o direito a um processo com duração razoável foi consagrado na própria Constituição Federal, em seu art. 5º, LXXVIII (redação dada pela EC n. 45/04), assegurando-se, ainda, meios que garantam a celeridade de sua tramitação.

O Estatuto, com vistas a promover a efetivação e garantia dos direitos nele previstos, dispõe que o Poder Público poderá criar varas especializadas e exclusivas do idoso,(23) além de prever que compete ao Ministério Público promover, dentre outros tipos de atos e ações, o inquérito civil e a ação civil pública para a proteção dos direitos e interesses difusos ou coletivos, individuais indisponíveis e individuais homogêneos do idoso; ações de alimentos, de interdição total ou parcial, de designação de curador especial, em circunstâncias que justifiquem a medida e oficiar em todos os feitos em que se discutam os direitos de idosos em condições de risco; atuar como substituto processual do idoso em situação de risco; inspecionar as entidades públicas e particulares de atendimento ao idoso, adotando de pronto as medidas administrativas ou judiciais necessárias à remoção de irregularidades porventura verificadas.

Assim, nos processos e procedimentos em que não for parte, atuará obrigatoriamente o Ministério Público na defesa dos direitos e interesses de que cuida o Estatuto do Idoso, sob pena de nulidade.

Prevê o Estatuto que são legitimados, concorrentemente, para as ações cíveis fundadas em interesses difusos, coletivos, individuais indisponíveis ou homogêneos: o Ministério Público; a União, os Estados, o Distrito Federal e os Municípios; a Ordem dos Advogados do Brasil; e as associações legalmente constituídas há pelo menos um ano e que incluam entre os fins institucionais a defesa dos interesses e direitos da pessoa idosa, dispensada a autorização da assembleia, se houver prévia autorização estatutária.

3. *Dos crimes*

Também com o objetivo de assegurar o cumprimento dos deveres e o respeito aos direitos previstos no Estatuto do Idoso, a Lei n. 10.741/03 traz em seu título VI a previsão de condutas consideradas crimes, bem com as respectivas sanções penais.

Como regra geral a ser observada, determina que aos crimes por ela previstos, cuja pena máxima privativa de liberdade não ultrapasse quatro anos, aplica-se o procedimento previsto na *Lei n. 9.099, de 26 de setembro de 1995* (Juizados Especiais) e, subsidiariamente, no que couber, as disposições do Código Penal e do Código de Processo Penal.(24)

---

(23) A Justiça Federal instalou em Maringá a primeira vara federal do idoso. Atualmente já foram implantadas diversas varas especializadas, tanto na esfera estadual quanto na federal.

(24) Em decorrência da citada previsão legal, surgiu nova discussão doutrinária acerca da possibilidade de o art. 94 do Estatuto do Idoso ter alterado o conceito legal de crime de menor potencial ofensivo ou se ele apenas teve o condão de determinar a aplicação do procedimento especial previsto na Lei n. 9.099/95 para os crimes nele previstos, cuja pena máxima privativa de liberdade não ultrapasse quatro anos. Aborda o tema Paulo Roberto Barbosa Ramos (*Aspectos penais do Estatuto do Idoso*. Disponível em: <http://direitodoidoso.braslink.com/01/artigo022.html>), dentre outros.

Todos os crimes definidos no Estatuto são considerados de ação penal pública incondicionada.

Para os fins do presente trabalho, cabe mencionar que o legislador ordinário preocupou-se em incriminar condutas ofensivas aos direitos previstos no próprio Estatuto.

Nesse cenário, foram descritas como crime as condutas de:

— discriminar pessoa idosa, impedindo ou dificultando seu acesso a operações bancárias, aos meios de transporte, ao direito de contratar ou por qualquer outro meio ou instrumento necessário ao exercício da cidadania, por motivo de idade;

— deixar de prestar assistência ao idoso, quando possível fazê-lo sem risco pessoal, em situação de iminente perigo, ou recusar, retardar ou dificultar sua assistência à saúde, sem justa causa, ou não pedir, nesses casos, o socorro de autoridade pública;

— abandonar o idoso em hospitais, casas de saúde, entidades de longa permanência, ou congêneres, ou não prover suas necessidades básicas, quando obrigado por lei ou mandado;

— expor a perigo a integridade e a saúde, física ou psíquica, do idoso, submetendo-o a condições desumanas ou degradantes ou privando-o de alimentos e cuidados indispensáveis, quando obrigado a fazê-lo, ou sujeitando-o a trabalho excessivo ou inadequado;

— obstar o acesso de alguém a qualquer cargo público por motivo de idade;

— negar a alguém, por motivo de idade, emprego ou trabalho;

— recusar, retardar ou dificultar atendimento ou deixar de prestar assistência à saúde, sem justa causa, a pessoa idosa;

— deixar de cumprir, retardar ou frustrar, sem justo motivo, a execução de ordem judicial expedida em ação civil;

— recusar, retardar ou omitir dados técnicos indispensáveis à propositura da ação civil, quando requisitados pelo Ministério Público;

— deixar de cumprir, retardar ou frustrar, sem justo motivo, a execução de ordem judicial expedida nas ações em que for parte ou interveniente o idoso;

— apropriar-se de ou desviar bens, proventos, pensão ou qualquer outro rendimento do idoso, dando-lhes aplicação diversa da de sua finalidade;

— negar o acolhimento ou a permanência do idoso, como abrigado, por recusa deste em outorgar procuração à entidade de atendimento;

— reter o cartão magnético de conta bancária relativa a benefícios, proventos ou pensão do idoso, bem como qualquer outro documento com objetivo de assegurar recebimento ou ressarcimento de dívida;

— exibir ou veicular, por qualquer meio de comunicação, informações ou imagens depreciativas ou injuriosas à pessoa do idoso;

— induzir pessoa idosa sem discernimento de seus atos a outorgar procuração para fins de administração de bens ou deles dispor livremente;

— coagir, de qualquer modo, o idoso a doar, contratar, testar ou outorgar procuração;

— lavrar ato notarial que envolva pessoa idosa sem discernimento de seus atos, sem a devida representação legal.

Por fim, por meio do Estatuto algumas disposições do Código Penal brasileiro, da Lei das Contravenções Penais e da Lei n. 6.368/76 (Lei de Tóxicos) foram alteradas, notadamente para incluir como causa de aumento de pena ou agravante genérica a circunstância de a vítima ser pessoa idosa,[(25)] tudo com o objetivo de protegê-la de condutas agressivas.

Considerações finais

Verifica-se que a Lei n. 10.741/03 teve como principal fundamento estabelecer uma ampla proteção ao idoso, considerado esse como a pessoa com idade igual ou superior a 60 anos.

Para tanto, foram estabelecidos diversos direitos fundamentais, relacionados aos aspectos mais essenciais do ser humano, como a vida, a liberdade, o respeito, a dignidade, os alimentos, a saúde, a educação, a cultura, o esporte, o lazer, o trabalho, a previdência social, a assistência social, a habitação e o transporte.

Também com o intuito de estabelecer um sistema de proteção à pessoa idosa, foram previstas medidas específicas de proteção, com definição de uma política de atendimento ao idoso, de modo a complementar e atualizar as previsões contidas na Lei n. 8.842/94 (Política Nacional do Idoso).

(25) Também nesse aspecto algumas críticas foram tecidas ao Estatuto, especialmente pela ausência de técnica legislativa, uma vez que ora se considera como causa de aumento/agravante a circunstância de a pessoa ser maior de 60 anos de idade, ora ser pessoa com idade igual ou superior a 60 anos. Damásio E. de Jesus, por exemplo, aborda o tema, concluindo que "o conceito que mais favorece o sujeito passivo do crime é o referente à idade igual ou superior a 60 anos. De modo que, nos casos em que as leis mencionaram o idoso como maior de 60 anos, estendendo o âmbito da norma, cumpre incluir o de idade igual a 60 anos. Em suma, idoso, na legislação criminal brasileira, é a pessoa de idade igual ou superior a 60 anos". Conceito de idoso na legislação penal brasileira. *Jus Navigandi*, Teresina, ano 8, n. 294, 27 abr. 2004. Disponível em: <https://jus2.uol.com.br/doutrina/texto.asp?id=5122>.

Ao lado de conferir ao idoso direitos fundamentais, o aspecto processual/procedimental também foi previsto, de modo que fosse garantido o acesso amplo à justiça, com prioridade de tramitação tanto na esfera judicial como na administrativa, sempre com vistas a uma célere e eficiente tutela, além da criação de varas especializadas.

Finalmente, para reforçar o cumprimento e respeito aos direitos da pessoa idosa, foram descritas como crime diversas condutas típicas, além de se inserir na legislação penal como um todo novas causas de aumento de pena e agravantes genéricas, sempre quando a pessoa idosa venha a ser atingida pela conduta criminosa.

Assim, tem-se que o Estatuto do Idoso criou um corpo jurídico cujo foco principal foi a proteção da pessoa idosa, considerada como merecedora de especial atenção por toda a sociedade, sendo imperioso que todos se conscientizem da necessidade da efetiva implementação das previsões estatutárias, como meio de viabilização da cidadania e inserção do idoso no convívio social, mediante uma participação ativa e com dignidade.

Referências bibliográficas

BRASIL. *Constituição da República Federativa do Brasil, de 5 de outubro de 1988.* Disponível em: <http://www.planalto.gov.br/ccivil_03/Constituicao/Constituiçao.htm> Acesso em: 10 fev. 2008.

_____. *Lei n. 8.742, de 7 de dezembro de 1993.* Dispõe sobre a organização da Assistência Social e dá outras providências. Disponível em: <http://www.planalto.gov.br/ccivil_03/Leis/L8742.htm> Acesso em: 10 fev. 2008.

_____. *Lei n. 8.842, de 4 de janeiro de 1994.* Dispõe sobre a política nacional do idoso, cria o Conselho Nacional do Idoso e dá outras providências. Disponível em: <http://www.planalto.gov.br/ccivil_03/Leis/L8842.htm> Acesso em: 10 fev. 2008.

_____. *Lei n. 10.048, de 8 de novembro de 2000.* Dá prioridade de atendimento às pessoas que especifica, e dá outras providências. Disponível em: <http://www.planalto.gov.br/ccivil_03/Leis/Lei_principal.htm> Acesso em: 10 fev. 2008.

_____. *Lei n. 10.406, de 10 de janeiro de 2002.* Institui o Código Civil. Disponível em: <http://www.planalto.gov.br/ccivil_03/LEIS/2002/L10406.htm>. Acesso em: 10 fev. 2008.

_____. Tribunal Regional Federal da 3ª Região. *Apelação Cível n. 857340,* Rel. Des. Fed.Johonson Di Salvo — 1ª Turma, j. 6.5.03. Disponível em: <http://www.trf3.gov.br/NXT/Gateway.dll?f=templates&fn=default.htm&vid=trf3e:trf3ve> Acesso em: 10 fev. 2008.

_____. *Lei n. 10.741, de 1º de outubro de 2003.* Dispõe sobre o Estatuto do Idoso e dá outras providências. Disponível em: <http://www.planalto.gov.br/ccivil_03/Leis/Lei_principal.htm> Acesso em: 10 fev. 2008.

_____. *Resolução normativa (RN) n. 63, de 22 de dezembro de 2003*. Agência Nacional de Saúde Suplementar. Define os limites a serem observados para adoção de variação de preço por faixa etária nos planos privados de assistência à saúde contratados a partir de 1º de janeiro de 2004. Disponível em: <http://www.ans.gov.br/portal/site/legislacao/legislacao_integra.asp?id=540&id_original=0> Acesso em: 10 fev. 2008.

_____. *Resolução n. 653, de 27 de julho de 2004*. Agência Nacional de Transportes Terrestres. Dispõe sobre procedimentos a serem observados na aplicação do Estatuto do Idoso, no âmbito do serviço de transporte rodoviário interestadual de passageiros e dá outras providências. Disponível em: <http://www.antt.gov.br/resolucoes/resolucoes2004.asp> Acesso em: 10 fev. 2008.

_____. Tribunal Regional Federal da 3ª Região. *Apelação Cível n. 836063*, Rel. Juiz Galvão Miranda — 10ª Turma, j. 16.11.04. Disponível em: <http://www.jf.gov.br/juris/?> Acesso em: 10 fev. 2008.

_____. *Decreto n. 5.934, de 18 de outubro de 2006*. Estabelece mecanismos e critérios a serem adotados na aplicação do disposto no art. 40 da Lei n. 10.741, de 1º de outubro de 2003 (Estatuto do Idoso), e dá outras providências.Disponível em: <http://www.planalto.gov.br/ccivil_03/_Ato2004-2006/2006/Decreto/D5934.htm#art12> Acesso em: 10 fev. 2008.

_____. *Resolução n. 2.030, de 23 de maio de 2007*. Agência Nacional de Transportes Terrestres. Dispõe sobre procedimentos a serem observados na aplicação do Estatuto do Idoso, no âmbito dos serviços de transporte ferroviário interestadual regular de passageiros e dá outras providências. Disponível em: <http://www.antt.gov.br/resolucoes/resolucoes2007.asp> Acesso em: 10 fev. 2008.

_____. *Ação Direta de Inconstitucionalidade n. 3.768, julgada em 19.9.2007*. Supremo Tribunal Federal. Disponível em: <http://www.stf.gov.br/portal/processo/verProcessoAndamento.asp?numero=3768&classe=ADI&codigoClasse=0&origem=JUR&recurso=0&tipoJulgamento=M> Acesso: 10 fev. 2008.

JESUS, Damásio E. Conceito de idoso na legislação penal brasileira. *Jus Navigandi*, Teresina, ano 8, n. 294, 27 abr. 2004. Disponível em: <https://jus2.uol.com.br/doutrina/texto.asp?id=5122> Acesso em: 10 fev. 2008.

RAMOS, Paulo Roberto Barbosa. *Aspectos penais do Estatuto do Idoso*. Disponível em: <http://direitodoidoso.braslink.com/01/artigo022.html> Acesso em: 10 fev. 2008.

SÃO PAULO. *Lei estadual n. 10.844, de 5 de julho de 2001*. Dispõe sobre a comercialização pelo Estado de imóveis populares, reservando percentagem para portadores de deficiência ou famílias de portadores de deficiência. Disponível em: <http://www.legislacao.sp.gov.br/legislacao/index.htm> Acesso em: 10 fev. 2008.

_____. Tribunal de Justiça de São Paulo. *Apelação Cível n. 427.947.4/0-00*, Rel. Fábio Quadros — 4ª Câmara Direito Privado, j. 11.10.07. Disponível em: <http://cjo.tj.sp.gov.br/esaj/jurisprudencia/consultaCompleta.do> Acesso em: 10 fev. 2008.

______. Tribunal de Justiça de São Paulo. *Agravo de Instrumento n. 530.173-4/3-00*, Rel. Oscarlino Moeller — 5ª Câmara Direito Privado, j. 19.12.2007. Disponível em: <http://cjo.tj.sp.gov.br/esaj/jurisprudencia/consultaCompleta.do> Acesso em: 10 fev. 2008.

______. *Regulamento dos Jogos do Idoso*. Governo do Estado de São Paulo. Secretaria de Esporte, Lazer e Turismo. Disponível em: <http://www.selt.sp.gov.br/regulamentos.php> Acesso em: 10 fev. 2008.

TAVARES, José de Farias. *Estatuto do Idoso*. Rio de Janeiro: Forense, 2006.

AS POSSIBILIDADES DE APOSENTADORIA NO DIREITO PÚBLICO BRASILEIRO

Juliana Presotto Pereira Netto(*)

Noções introdutórias

Normas legais definem e limitam um sonho que se convencionou chamar aposentadoria. E apesar de, por um lado, ainda se admitir a centralidade do trabalho no mundo atual e, por outro, vivermos na era da comunicação, é certo também que não basta o exercício do trabalho para se alcançar a aposentadoria como, erroneamente, muitos ainda pensam, donde se conclui que a comunicação/informação também não é assim tão difundida.

Cabe então uma análise a propósito das possibilidades de aposentadoria no direito brasileiro, sendo válido lembrar que esse tema se insere no contexto do Direito Previdenciário. Esse ramo do direito disciplina as situações de incapacidade para o trabalho, de um modo geral. Ou seja, cuida das aposentadorias, mas também de outras hipóteses de incapacidade que geram afastamento do trabalho, seja esta total ou parcial, provisória ou definitiva, como nos casos de acidentes de trabalho, doenças, gestação e parto, reclusão ou morte de um trabalhador.

No Brasil, de uma forma didática, é possível dividir o Sistema Previdenciário em Público e Privado. O ramo Público, que, por sua vez, se subdivide em Regime Geral de Previdência Social (RGPS) e Regimes Próprios de Previdência Social (RPPS), é sempre obrigatório. A partir daí é possível afirmar que, de acordo com a nossa legislação, qualquer pessoa que exerce qualquer atividade remunerada é segurada obrigatória da Previdência Social, no segmento público.

No outro ramo — o Privado —, encontram-se as diversas possibilidades de se participar da Previdência Privada, no Brasil, sempre complementar independentemente dos rendimentos que ela proporcionar, ainda que, por vezes, sejam muito maiores que os da previdência pública, básica e obrigatória,

(*) Advogada, Doutora em Direito e Professora do Curso de Direito da UNESP.

como já foi dito. Assim, mesmo já sendo membro de um RPPS ou do RGPS, o trabalhador pode ainda optar por fazer um plano de previdência privada que, por sua vez, irá lhe conferir uma aposentadoria privada, de caráter complementar.

Fundamentalmente, essa divisão em sistema público e privado diz respeito aos responsáveis pela administração dos regimes em um e em outro caso, respectivamente o Estado e a iniciativa privada, embora ambos estejam sob a supervisão e condicionados à regulamentação imposta pelo Poder Público, o que visa a conferir maior segurança e credibilidade ao sistema como um todo.

RGPS e RPPS

Já dentro do *segmento público* de previdência social — nosso foco de análise nesse capítulo —, é importante esclarecer que, em suma, o que diferencia o Regime Geral dos Regimes Próprios de Previdência Social são seus sujeitos. O primeiro — RGPS — é encarregado de gerir a previdência de todos os trabalhadores da iniciativa privada no País e ainda, excepcionalmente, cuida também de algumas espécies de servidor público *lato sensu*, como os empregados públicos e os servidores ocupantes de cargo em comissão, sem vínculo efetivo com a União, Autarquias, Fundações, etc.

Os Regimes Próprios de Previdência Social, por sua vez, disciplinam a previdência dos servidores públicos titulares de cargos efetivos, vinculados a cada um dos entes federativos (art. 40, *caput*, CF), sendo vedada a existência de mais de um regime próprio de previdência e de mais de uma unidade gestora do respectivo regime em cada ente estatal, ressalvada a previdência dos militares, que poderão ter regime próprio e entidade gestora diferente dos servidores civis (art. 42, § 1º c/c. art. 142, § 3º, CF).

Todos os regimes — Geral e Próprios — encontram seus fundamentos na Constituição Federal, em especial arts. 40 (servidores públicos) e 201 (trabalhadores da iniciativa privada). As Leis Federais ns. 8.213/91 e 8.212/91 e o Decreto n. 3.048/99 regulamentam o Regime Geral e, subsidiariamente, são também aplicados aos Regimes Próprios (art. 40, § 12, CF). Outras leis, federais, estaduais e até municipais, conforme o caso, dão os contornos específicos de cada Regime Próprio, naquilo que lhes é permitido dispor e que não é muito, diante das limitações impostas pelas diretrizes constitucionais.

Previdência e aposentadoria

Embora para um leigo a aposentadoria esteja diretamente relacionada à previdência, esta engloba muitos outros benefícios além daquela e que são, por vezes, desconhecidos. É o caso, por exemplo, do auxílio-reclusão, devido aos dependentes do segurado que se encontra preso e que, ao tempo da reclusão, mantinha a qualidade de segurado da previdência social.

Outros benefícios que podem ser lembrados são: auxílio-doença (para os casos de incapacidade temporária para o trabalho), auxílio-acidente (para quando o segurado volta a trabalhar, mas mantém uma sequela decorrente de um acidente de qualquer natureza ou causa), salário-família (pago por cotas correspondentes ao número de filhos menores de 14 anos de idade), salário-maternidade (devido durante o período de licença-gestante), abono anual (equivalente ao décimo terceiro salário do trabalhador da ativa) e pensão por morte (como o próprio nome indica, devida por ocasião do falecimento de um segurado).

A aposentadoria, no entanto, é a grande expectativa de um segurado da previdência, enquanto possibilidade de *afastamento definitivo do trabalho*. Esta, pelo menos, era a imagem que se tinha da aposentadoria que, em sua acepção terminológica, remonta a "voltar aos aposentos" e, portanto, retirar-se da atividade. Hoje, no entanto, é sabido que nem sempre é esse o desejo ou a possibilidade do aposentado. Não raro, ele continua a trabalhar ou, depois de algum tempo sem atividade remunerada, volta a ocupar um posto e exercer o mesmo ou outro labor, o que, em regra, não é vedado, embora tal assertiva comporte exceções, as quais serão mencionadas oportunamente.

De fato, melhor seria falar em *aposentadorias*, na medida em que nossa legislação prevê a possibilidade de quatro espécies diferentes nessa modalidade de afastamento do trabalho. São elas: aposentadoria por idade, por invalidez, por tempo de contribuição e especial. Em qualquer dos casos, porém, é fundamental conhecer um requisito básico.

Requisito comum a qualquer aposentadoria

A aposentadoria insere-se em um rol de benefícios devidos pela previdência social, a qual tem como uma de suas características ser um tipo de seguro. Seguro *social*, é bom que se diga, mas ainda assim um seguro. Isso leva à conclusão de que embora pela lei em vigor todos os exercentes de atividade remunerada sejam obrigatoriamente filiados à previdência social, somente aqueles que cumprem suas obrigações previdenciárias têm os seus direitos securitários assegurados e poderão, portanto, se aposentar.

Destarte, o requisito comum para que se possa pleitear uma aposentadoria (além da comprovação de cada situação específica) é que o trabalhador seja ou tenha sido segurado da previdência social durante, pelo menos, o período de carência exigido pelas diferentes espécies de aposentadoria. Hoje, no RGPS, não mais se exige que ele esteja em gozo da qualidade de segurado no momento do requerimento do benefício, mas que, pelo menos, tenha cumprido suas obrigações de inscrição e recolhimento em época oportuna, quando do exercício de sua atividade laborativa.

Cabe lembrar, no entanto, que no caso do trabalhador empregado e agora também para o contribuinte individual que presta serviço para uma ou mais empresas, é do tomador de serviços a obrigação de proceder a essa inscrição e ao recolhimento da contribuição previdenciária devida, como determina o Plano de Custeio da Seguridade Social — PC (Lei n. 8.212/91, art. 30). Assim, o trabalhador não poderá ser prejudicado pelo descumprimento de uma obrigação que não era de sua responsabilidade, embora seja inegável um dano ainda que indireto, posto que ele terá o ônus de provar esse vínculo empregatício ou de trabalho para, só depois, pleitear com possibilidade de sucesso o benefício devido.

Esteja claro, portanto, que não basta trabalhar para se ter direito a uma aposentadoria. É mister que se tenha cumprido as obrigações pertinentes ou, caso contrário, será possível, no máximo, pleitear um benefício assistencial. Trata-se aqui do chamado BPC — Benefício de Prestação Continuada, devido aos idosos a partir dos 65 anos (e também aos portadores de deficiência, em qualquer idade), o qual não exige inscrição ou contribuição prévias, mas apenas a comprovação da impossibilidade de prover a própria manutenção ou de tê-la provida por sua família, conforme determina a LOAS — Lei Orgânica da Assistência Social (Lei n. 8.742/93, art. 20).

Em síntese, portanto, para um trabalhador alcançar a aposentadoria é mister que esteja inserido no rol de segurados de cada regime. Esses segurados, via de regra, dividem-se em obrigatórios (aqueles que exercem atividade remunerada, com ou sem vínculo empregatício) e, no caso do RGPS, há também os segurados facultativos — maiores de 16 anos, que se filiaram ao Regime, mediante contribuição, desde que não estejam inseridos no quadro dos segurados obrigatórios.

Do exercício de atividade remunerada — que gera a filiação — decorrem direitos e obrigações, em especial a de proceder à inscrição e iniciar o recolhimento das contribuições previdenciárias. A partir de então, o trabalhador passa a gozar da qualidade de segurado, a qual será mantida durante todo o período de contribuição e mesmo depois, por um período variável (de três meses a indefinidamente), conforme o caso.

Estando ou tendo estado em gozo da qualidade de segurado, cumprindo a carência exigida e os demais requisitos específicos (como, por exemplo, comprovação da invalidez ou da idade mínima ou do tempo de contribuição — em atividade comum ou especial), o trabalhador poderá então pleitear sua aposentadoria. Vejamos, então, cada exigência separadamente.

Carência

No Plano de Benefícios da Previdência Social — PB, Lei n. 8.213/91, o período de carência é definido como "o número mínimo de contribuições mensais indispensáveis para que o beneficiário faça jus ao benefício" (art. 24).

Considerando-se as quatro espécies de aposentadorias previstas no RGPS — invalidez, idade, tempo de contribuição e especial —, apenas a primeira tem uma carência reduzida: 12 contribuições, em regra, ou nenhuma caso a invalidez seja decorrente de um acidente de qualquer natureza ou causa, de uma doença profissional ou do trabalho ou mesmo de uma lista de doenças de maior especificidade e gravidade que mereçam tratamento particularizado. Essas doenças estão especificadas na Portaria Interministerial n. 2.998/01: tuberculose ativa, hanseníase, alienação mental, neoplasia maligna, cegueira, paralisia irreversível e incapacitante, cardiopatia grave, doença de Parkinson, espondiloartrose anquilosante, nefropatia grave, hepatopatia grave, estado avançado da doença de Paget (osteíte deformante), Aids e contaminação por radiação.

Para as aposentadorias por idade, tempo de contribuição e especial, a carência exigida é de 180 contribuições. Essa regra, no entanto, é válida para aqueles segurados que se filiaram ao RGPS após julho de 1991, pois, para os mais antigos, deverá ser observada a tabela inserida no PB, art. 142, que aumenta gradualmente o número de contribuições exigidas, a partir de 1991, chegando a 180 apenas em 2011. Esse é um caso típico de "período de transição", criado em função de uma mudança radical na lei, como a que aconteceu em 1991, quando o período de carência saltou de 60 para 180 contribuições, dificultando sobremaneira o acesso às aposentadorias, se tomadas como base as exigências da lei anterior. Esse período estabelece, então, uma fase intermediária, de adaptação às novas regras, como acontece com a tabela do art. 142, PB.

Nos RPPS, a carência é computada de forma diferente. Na verdade, ela é dispensada no caso da aposentadoria por invalidez, e é de, no mínimo, dez anos de efetivo exercício no serviço público, no caso das aposentadorias voluntárias, a saber: por idade e por tempo de contribuição. As atividades de risco ou exercidas sob condições especiais que prejudiquem a saúde ou a integridade física, embora previstas na CF (art. 40, § 4º, II e III), não foram ainda regulamentadas, não sendo possível falar, por ora, em aposentadoria especial fora do RGPS.

Qualidade de segurado

Estar em gozo da qualidade de segurado — período durante o qual o segurado conserva todos os seus direitos perante a previdência social — constituía um outro pressuposto básico para se ter acesso a uma aposentadoria. Para tanto, o segurado deveria estar em dia com suas contribuições mensais ou usufruindo do chamado "período de graça", quando, por alguns motivos elencados na lei (art. 15, PB), independentemente de contribuições, também manteria sua qualidade de segurado.

Atualmente, em função da Lei n. 10.666/03, a qualidade de segurado não é mais exigida. Estabelece essa lei que "a perda da qualidade de segurado não será considerada para a concessão das aposentadorias por tempo de contribuição e especial" (art. 3º, *caput*). Assim, nesses dois casos, basta a comprovação de se ter vertido as contribuições devidas durante os períodos exigidos em cada caso e que variam, como veremos a seguir, de 15 a 35 anos. Cabe lembrar que o recolhimento da contribuição durante esses períodos, automaticamente, já preenche o requisito da carência, retromencionado.

Quanto à aposentadoria por idade, estabelece a mesma lei (art. 3º, § 1º) que a perda da qualidade de segurado não será considerada para a concessão desse benefício, "desde que o segurado conte com, no mínimo, o tempo de contribuição correspondente ao exigido para efeito de carência na data do requerimento do benefício". Ou seja, se o segurado contribuir para a previdência social durante os 15 anos exigidos como carência (ou até menos, naqueles casos já mencionados de filiação anterior a 1991), e mesmo que vier a parar de trabalhar ou se desligar do RGPS, terá direito à aposentadoria quando completar a idade mínima exigida por lei.

Finalmente, a aposentadoria por invalidez também não exige a qualidade de segurado no momento do requerimento do benefício, mas sim que todos os requisitos tenham sido preenchidos segundo a legislação em vigor à época, ou seja, que a invalidez tenha ocorrido durante o período de manutenção da qualidade de segurado. O grande problema aqui, quando se deixa passar muito tempo, a ponto inclusive de se perder essa qualidade, refere-se à prova da invalidez, a qual se torna mais difícil quanto mais longe se está do evento que lhe deu causa. É fundamental para a concessão do benefício que não haja dúvida quanto ao momento de caracterização da invalidez, que não pode ser, portanto, posterior à perda da qualidade de segurado.

Nos RPPS, é fundamental que o trabalhador tenha mantida sua vinculação como titular de um cargo efetivo no serviço público, no momento do requerimento de qualquer das aposentadorias previstas, o que equivale dizer que ele deve estar em gozo de sua qualidade de segurado.

Aposentadoria por idade

A aposentadoria por idade, anteriormente chamada "aposentadoria por velhice", é a espécie de aposentadoria concedida em maior escala dentro do

RGPS. Fundamenta-se em uma idade-limite que representa o momento em que o trabalhador deveria se afastar da atividade laborativa, por já estar com uma "idade avançada" e, portanto, *presumidamente* incapaz para o trabalho. Sabe-se, no entanto, que esse momento é na verdade extremamente subjetivo. Relaciona-se a componentes biológicos, psicológicos, econômicos e sociais, os quais, se levados em consideração, impediriam que as leis pudessem definir parâmetros de aplicação geral.

Outros aspectos interessantes que podem ainda ser levantados a respeito da aposentadoria por idade dizem respeito ao aumento da expectativa de vida e ao desemprego. Por um lado, o fato de as pessoas estarem vivendo mais tempo levaria à necessidade de se aumentar o limite de idade para a aposentadoria. Poderiam trabalhar e contribuir por um período maior, e ainda assim usufruir do benefício por um período também satisfatório. Outra corrente de pensadores, porém, defende ideia contrária. Para eles, o desemprego acentuado e, portanto, a maior dificuldade em se manter no mercado de trabalho, conduziria a um caminho inverso, qual seja, o de se diminuir o limite de idade para a aposentadoria. Viria a fortalecer essa corrente o argumento que defende uma melhor qualidade de vida para as pessoas, o que tem a ver com uma aposentadoria mais precoce, de forma que o cidadão possa ainda aproveitar seus anos de "não trabalho" com saúde e disposição.

Enfim, e a despeito dessas considerações teóricas, o fato é que a legislação brasileira define o padrão de 60 anos de idade para a aposentadoria das mulheres e 65 anos, para a dos homens. Cinco anos a menos são exigidos dos trabalhadores rurais (55 para as mulheres e 60 para os homens), e com cinco anos a mais (65 para mulheres e 70 para homens), a aposentadoria por idade pode ser requerida pela empresa (e não apenas pelo trabalhador), desde que o empregado tenha cumprido o período de carência. Nesse último caso é que se fala em "aposentadoria compulsória".

Nos RPPS, as idades são as mesmas, embora a aposentadoria compulsória, neste caso, seja de fato impeditiva da continuidade do trabalho. Já no RGPS, apresenta-se como uma faculdade da empresa, que pode ou não exercer esse direito. Em caso afirmativo, será garantida ao empregado a indenização prevista na legislação trabalhista, considerada como data da rescisão do contrato de trabalho aquela imediatamente anterior à do início da aposentadoria.

Com exceção da compulsória, a aposentadoria por idade não impede que o trabalhador continue a exercer a mesma atividade que exercia anteriormente ou outra qualquer que melhor lhe aprouver. Não raras vezes, esse é até um imperativo de ordem econômica, dada a realidade a qual nos envolve. Em outros casos, e até por conta daquelas variáveis pessoais mencionadas acima, é comum que, apesar de ter atingido a idade estabelecida em lei, o trabalhador ainda se encontre em plena capacidade física, psicológica e social, o que o leva a querer continuar a exercer uma atividade produtiva, seja ela remunerada ou não. Naturalmente, o mesmo poderá acontecer nas outras espécies de aposentadoria, exceto no caso de invalidez — é claro —, e com muito mais frequência no caso da aposentadoria por tempo de contribuição, que permite auferir o benefício mesmo com uma idade reduzida.

Aposentadoria por invalidez

Se a idade é um fato certo, de fácil comprovação e indiscutível aceitação, o mesmo não acontece com a invalidez. Essa espécie de aposentadoria, portanto, é um dos benefícios que gera amplas discussões, tendo em vista a dificuldade de se aferir e comprovar a invalidez.

Conceito inexato e, a princípio, totalmente condicionado a uma apreciação da área médica e não a questionamentos jurídicos, o problema é ainda agravado pela determinação legal que caracteriza a invalidez como aquela situação que gera incapacidade "para o exercício de atividade que garanta a subsistência" do segurado (art. 42, PB), ou seja, uma incapacidade total e definitiva.

Assim, se analisada sob uma perspectiva estritamente positivista, essa determinação pode conduzir a uma interpretação bastante radical. Afinal, ainda que não esteja apto para realizar a atividade laborativa que exercia anteriormente, o trabalhador poderia, quase sempre, mesmo depois de ter sua capacidade de trabalho afetada por uma doença ou acidente, encontrar outra atividade que lhe fosse viável realizar e que poderia garantir sua subsistência, nos termos da lei.

Ocorre que outras variáveis, tais como idade, qualificação profissional, condição socioeconômica, cultural, etc., também interferem nesse processo, o que tem levado a jurisprudência nacional a decidir usando, muitas vezes, um conceito de invalidez "socioeconômica", conceito este mais abrangente e que analisa as possibilidades do trabalhador como um todo, e não apenas na perspectiva da área médica.

Não é necessário que o segurado tenha estado ou esteja em gozo de auxílio-doença para pleitear a aposentadoria por invalidez, embora esse seja o procedimento mais comum. É ainda relevante saber que a doença ou lesão de que o segurado já era portador ao filiar-se ao RGPS não lhe conferirá direito à aposentadoria por invalidez, a menos que a incapacidade for decorrente de um agravamento ou da progressão dessa doença ou lesão.

Sendo considerado inválido por ocasião do exame médico pericial que verifica a incapacidade, o trabalhador deve se afastar de qualquer atividade laborativa, para que tenha direito ao recebimento do benefício. Caso contrário, o mesmo será automaticamente cancelado. Essa é, portanto, a única espécie de aposentadoria que impede o trabalho do aposentado, por motivos óbvios. Posteriormente, havendo alteração do quadro e a eventual recuperação da capacidade de trabalho do segurado, a mesma deverá ser comunicada ao Instituto, para um cancelamento gradual do benefício, nesse caso sem prejuízo da volta à atividade.

Nos RPPS, a aposentadoria por invalidez terá proventos proporcionais ao tempo de contribuição, exceto se decorrente de acidente em serviço, moléstia profissional ou doença grave, contagiosa ou incurável, quando então o trabalhador receberá valores integrais.

Já no RGPS, esse benefício corresponde a 100% do salário-de-benefício, o qual, por sua vez, é calculado com base na média dos 80% maiores salários-de-contribuição do segurado, durante sua vida ativa. Excepcionalmente, havendo necessidade da assistência permanente de outra pessoa para cuidar do aposentado, o valor da aposentadoria será acrescido de 25%, devendo ser pago mesmo que ultrapasse o teto de valor de benefícios da previdência social. As situações que dão ensejo a esse acréscimo estão elencadas no Anexo I do Regulamento da Previdência Social (Decreto n. 3.048/99).

Aposentadoria por tempo de contribuição

Substituta da antiga "aposentadoria por tempo de serviço", essa nova modalidade de benefício exige a comprovação não do mero trabalho, mas sim da efetivação da contribuição, o que deixa claro o enfoque de seguro dado à previdência, em especial nas últimas reformas constitucionais.

Embora prevista nos dois Regimes de Previdência — o Geral e o Próprio, inclusive com a mesma exigência, naquilo que diz respeito ao número de anos necessários para alcançá-la, a saber: 30 anos de contribuição para as mulheres e 35 anos para os homens —, uma grande diferença foi criada a partir da EC n. 20/98.

No RGPS, basta a comprovação do tempo de contribuição para que, independentemente da idade, o segurado possa se aposentar. Já nos RPPS, outras exigências devem ser cumpridas, simultaneamente, para se alcançar o mesmo fim. São elas, além do tempo de contribuição, um limite mínimo de idade (55 anos para as mulheres e 60 anos para os homens), dez anos de serviço público e cinco anos no cargo.

Uma vez cumpridos esses requisitos, o benefício — em ambos os casos — será calculado a partir da média dos 80% maiores salários-de-contribuição do segurado e, a partir de então, novas diferenças. No RGPS, após calculada a média, deverá ser aplicado o fator previdenciário — valor obtido a partir de uma fórmula matemática, que tem como variáveis a idade do segurado, sua expectativa de sobrevida e seu tempo de contribuição para o sistema. Dessa forma, consegue-se que se o segurado for muito novo, apesar de ter o tempo de contribuição necessário para a aposentadoria, ele tenha o valor de seu benefício reduzido, o que, muitas vezes, leva esse trabalhador a continuar em atividade por mais algum tempo. Além disso, o valor final não poderá ultrapassar o teto de valor dos benefícios da previdência social, atualmente (maio/08) de R$ 3.038,99 (três mil e trinta e oito reais e noventa e nove centavos).

Nos RPPS, apesar de serem maiores as exigências para gozo da aposentadoria por tempo de contribuição (como visto acima) e o cálculo do valor do benefício seguir o mesmo princípio do RGPS (média dos 80% maiores salários), não há aplicação do fator previdenciário (uma vez que a idade mínima já faz parte dos requisitos que deverão ser preenchidos) e também não há o mesmo teto de valor de benefícios imposto aos beneficiários do INSS.

O que existe, em termos de teto e subtetos, é a obrigatoriedade de se aplicar o disposto no art. 40, XI, CF, o qual, porém, regulamenta também a remuneração do servidor da ativa, ou seja, a perda, se houver, não se dá em função da aposentadoria, como no Regime Geral. O valor dos proventos da aposentadoria poderá ser bem próximo daquele que o servidor recebia quando ainda estava em atividade. A vedação é no sentido de que ele não exceda a remuneração do respectivo servidor, no cargo efetivo em que se deu a aposentadoria ou que serviu de referência para a concessão da pensão.

Ainda no serviço público, é relevante lembrar que é vedado receber mais de uma aposentadoria por conta do RPPS, exceto nos casos em que a Constituição Federal autoriza a acumulação de cargos, a saber: dois de professor, dois de profissionais da saúde ou um de professor com outro técnico ou científico (art. 40, § 6º c/c art. 37, XVI).

As mesmas exceções acima, acrescidas dos casos de cargos eletivos e cargos em comissão, aplicam-se à vedação de se receber simultaneamente proventos de aposentadoria e remuneração de cargo, emprego ou função pública.

Finalmente, estabelece o mesmo art. 40, § 19, que o servidor que tenha completado as exigências para a aposentadoria voluntária por tempo de contribuição e opte por permanecer em atividade fará jus a um abono de permanência equivalente ao valor de sua contribuição previdenciária, até completar as exigências para a aposentadoria compulsória, aos 70 anos de idade.

Outras hipóteses existem disciplinando a aposentadoria por tempo de contribuição dos servidores públicos titulares de cargos efetivos, mas são casos específicos de ingressantes nos RPPS antes das Emendas Constitucionais que trataram de matéria previdenciária, a saber, as Emendas ns. 20/98, 41/03 e 47/05.

Muito relevante ainda para a aposentadoria por tempo de contribuição, seja no RGPS ou nos RPPS, é conhecer o instituto da contagem recíproca, segundo o qual é assegurada a contagem do tempo de contribuição na atividade privada, rural e urbana e do tempo de contribuição ou de serviço na administração pública, hipótese em que os diferentes sistemas de previdência social se compensarão financeiramente. O benefício resultante dessa modalidade de contagem será concedido e pago pelo sistema a que o interessado estiver vinculado ao requerê-lo, e calculado na forma da respectiva legislação.

Aposentadoria especial

Vista por muitos como uma espécie do gênero "aposentadoria por tempo de contribuição", a aposentadoria especial exige um tempo de contribuição reduzido, em função de o segurado ter trabalhado sujeito a condições especiais que prejudiquem a saúde ou integridade física. Difere radicalmente da aposentadoria por invalidez, visto que aqui não há que se falar em perícias, exames e comprovação de danos. O foco do benefício é a *mera possibilidade* de prejuízo e, em função dela, é que se autoriza o afastamento do trabalho a partir de um número reduzido de anos, a saber 15, 20 ou 25 anos de contribuição, conforme o caso.

Exige-se que a nocividade do ambiente seja superior aos limites de tolerância definidos na legislação, bem como que haja a comprovação de um tempo de trabalho permanente, não ocasional nem intermitente, durante o período mínimo fixado. O tempo trabalhado nessas condições, mas que não atinja o mínimo necessário para a aposentadoria especial, poderá ser convertido em tempo comum e então somado ao outro período de trabalho em condições normais, para cômputo do tempo total de contribuição.

É fundamental para o acesso a essa aposentadoria que se faça a prova da exposição efetiva ao agente nocivo. O meio de comprovação atualmente em vigor é o PPP — Perfil Profissiográfico Previdenciário, formulário emitido pela empresa ou seu preposto, com base em laudo técnico de condições ambientais do trabalho (LTCAT), o qual, por sua vez, é expedido por médico do trabalho ou engenheiro de segurança, nos termos da legislação trabalhista. Este documento deverá abranger as atividades desenvolvidas pelo trabalhador e ser sempre atualizado pela empresa, fornecendo-se cópia autêntica do mesmo ao trabalhador, quando da rescisão do contrato de trabalho. É, portanto, um documento histórico laboral do trabalhador, declaratório de direitos, individual e sigiloso. Deverá indicar também, entre outras coisas, o uso de equipamentos de proteção individual (EPI) pelo trabalhador ou coletiva (EPC), no local de trabalho, o que poderá interferir na concessão ou não do benefício.

Quanto ao rol de agentes nocivos, químicos, físicos e biológicos ou associação de agentes prejudiciais à saúde ou integridade física, é o Anexo IV do Regulamento da Previdência Social (Dec. n. 3.048/99) que define esse elenco, mencionando as atividades específicas em cada caso e o número mínimo de anos de trabalho correspondente.

Diferentemente da aposentadoria por invalidez que impede qualquer tipo de atividade remunerada do aposentado, sob pena de cancelamento do benefício, a aposentadoria especial impede que o segurado continue ou volte a exercer uma atividade especial. Nada impede, porém, que ele exerça uma atividade comum, por vezes até na mesma empresa onde já trabalhava, mas em outro setor.

Para o serviço público, a Constituição também prevê a hipótese de aposentadoria especial quando, no art. 40, § 4º, III, reza que é vedada a adoção de requisitos e critérios diferenciados para a concessão de aposentadoria aos abrangidos pelos regimes próprios, ressalvados, nos termos definidos em leis complementares, "os casos de servidores cujas atividades sejam exercidas sob condições especiais que prejudiquem a saúde ou a integridade física". Não obstante, referido dispositivo não foi ainda regulamentado, o que vem suscitando ações judiciais que buscam a defesa de direitos dos trabalhadores inseridos nessa situação.

Desaposentação

Uma outra possibilidade aberta mais recentemente no direito brasileiro é a chamada "desaposentação", instituto ainda não regulamentado pela lei, mas que tem gerado diversas consequências práticas em virtude de decisões judiciais.

Trata-se aqui da possibilidade de um segurado renunciar a uma aposentadoria já concedida, com o propósito de obter uma outra mais vantajosa, de imediato ou não, seja no regime geral ou em regime próprio, mediante a utilização de seu tempo de contribuição.

Esta questão é ainda bastante controversa, em especial porque relaciona-se a dois aspectos fundamentais para o direito, a saber: a proteção do segurado, que poderia ser prejudicado com a perda de seu benefício, e o ato jurídico perfeito, consubstanciado no ato de concessão da aposentadoria e que estaria sendo maculado com seu desfazimento.

No entanto, tem prevalecido o entendimento de que a desaposentação de forma alguma viola direitos do trabalhador, uma vez que tem sempre em vista a melhoria de sua situação econômica ou, caso contrário, não teria razão de ser solicitada. É válido, portanto, conhecer mais essa previsão do mundo jurídico relacionada à aposentadoria do trabalhador, uma vez que essa possibilidade poderá lhe ser favorável em algum momento.

Considerações finais

Como visto, não são poucas as oportunidades de se conquistar uma aposentadoria segundo as regras estabelecidas pelo direito público brasileiro. Conhecê-las melhor, portanto, faz parte de um projeto de preparação para um período de mudança de vida que possa trazer satisfação e tranquilidade para o trabalhador.

Infelizmente, não é raro que pessoas se arrependam por terem se aposentado em um momento inadequado, considerando que a falta de informações ou orientações incorretas conduziram a uma decisão precipitada e, por vezes, carregada de consequências danosas, não só econômicas como, também, psicológicas.

Nesse sentido, é extremamente relevante que as organizações que se propõem a criar programas de preparação para a aposentadoria para os seus trabalhadores divulguem claramente os seus direitos, bem como as exigências legais para a conquista de cada benefício, e colaborem na análise de cada caso em particular. Deverão ser considerados todos os meandros relacionados ao tema, em especial aqueles que dizem respeito à prova dos eventos determinantes aqui abordados (idade, invalidez, tempo de contribuição — comum e especial), sendo esse, talvez, o aspecto mais controvertido e cuja inadequação, em alguns casos, impede o acesso ao benefício.

Quanto a esse e outros temas que poderão aprofundar o assunto, já contamos na literatura nacional com uma considerável bibliografia a respeito. É o caso dos diversos manuais de Direito Previdenciário, de algumas obras monográficas e de artigos publicados em revistas científicas especializadas. Citamos, a título de referência, algumas sugestões que podem servir para a introdução do leitor nessa seara, tão complexa e tão essencial à vida de cada trabalhador.

Bibliografia sugerida

BALERA, Wagner. *Noções preliminares de direito previdenciário*. São Paulo: Quartier Latin, 2004.

CASTRO, Carlos Alberto Pereira de; LAZZARI, João Batista. *Manual de direito previdenciário*. 9. ed. Florianópolis: Conceito, 2008.

EDUARDO, Ítalo Romano; EDUARDO, Jeane T. A.; TEIXEIRA, Amauri Santos. *Curso de direito previdenciário*. 3. ed. Rio de Janeiro: Campus, 2006.

FELIPE, J. Franklin Alves. *Direito previdenciário do servidor público*. Rio de Janeiro: Forense, 2007.

FORTES, Simone B.; PAULSEN, Leandro. *Direito da seguridade social*. Porto Alegre: Livraria do Advogado, 2005.

GONÇALES, Odonel Urbano. *Manual de direito previdenciário*. 12. ed. São Paulo: Atlas, 2007.

GONÇALVES, Ionas Deda. *Direito previdenciário*. São Paulo: Saraiva, 2005.

GONZAGA, Paulo. *Perícia médica da previdência social*. 2. ed. São Paulo: LTr, 2001.

HORVATH JR., Miguel. *Direito previdenciário*. 5. ed. São Paulo: Quartier Latin, 2004.

IBRAHIM, Fábio Zambitte. *Desaposentação*: o caminho para uma melhor aposentadoria. Rio de Janeiro: Impetus, 2005.

________. *Curso de direito previdenciário*. 11. ed. Rio de Janeiro: Impetus, 2008.

JORGE, Társis Namentala Sarlo. *Teoria geral do direito previdenciário:* e questões controvertidas do regime geral (INSS), do regime dos servidores públicos e dos crimes previdenciário. Rio de Janeiro: Lumen Juris, 2005.

KERTZMAN, Ivan. *Curso prático de direito previdenciário*. 4. ed. Salvador: Jus Podivm, 2007.

LEITÃO, André Studart. *Aposentadoria especial*: doutrina e jurisprudência. São Paulo: Quartier Latin, 2007.

MARTINEZ, Wladimir Novaes. *Comentários à lei básica da previdência social*. 7. ed. São Paulo: LTr, 2006/2008.

________. *Curso de direito previdenciário*. São Paulo: LTr, 2007.

________. *Desaposentação*. São Paulo: LTr, 2008.

________. *Subsídios para um modelo de previdência social para o Brasil*. São Paulo: LTr, 2008.

MARTINS, Sérgio Pinto. *Direito da seguridade social*. 25. ed. São Paulo: Atlas, 2008.

MODESTO, Paulo. *Reforma da previdência*: análise e crítica da Emenda Constitucional n. 41/03. Belo Horizonte: Forum, 2004.

NÓBREGA, Marcos Antônio Rios da. *Previdência dos servidores públicos*. Belo Horizonte: Del Rey, 2006.

PULINO, Daniel. *A aposentadoria por invalidez no direito positivo brasileiro*. São Paulo: LTr, 2001.

SANTOS, Leandro Luis Camargo dos. *Curso de direito da seguridade social*. São Paulo: LTr, 2005.

SETTE, André Luiz Menezes Azevedo. *Direito previdenciário avançado*. Belo Horizonte: Mandamentos, 2004.

SOUZA, Gleison Pereira de. *O regime de previdência dos servidores públicos*. At. conf. EC n. 47/05. Belo Horizonte: Del Rey, 2005.

TAVARES, Marcelo Leonardo. *Direito previdenciário*. 9. ed. Rio de Janeiro: Lumen Juris, 2007.

TSUTIYA, Augusto Massayuki. *Curso de direito da seguridade social*. São Paulo: Saraiva, 2007.

VIANNA, Cláudia Salles Vilela. *Previdência social*: custeio e benefícios. 2. ed. São Paulo: LTr, 2008.

COMPLEMENTANDO A PREVIDÊNCIA BÁSICA

Wladimir Novaes Martinez(*)

1. *Conceitos iniciais*

A previdência social, particular ou supletiva, mais conhecida como complementar do que como privada, padece de vários problemas vernaculares.

a) Complementar

Destarte, a prestação da sua modalidade fechada (EFPC) — aquela adstrita aos empregados de uma empresa patrocinadora — pode ser complementar se o benefício for a diferença entre a média mensal remuneratória que o trabalhador ganhava e o valor devido pelo INSS.

b) Suplementar

Será uma prestação suplementar, caso o plano de benefícios não cubra essa diferença, propiciando um percentual variável dela.

c) Implementar

Com exceção dos montepios (geridos por fundações de direito privado), a entidade aberta de previdência complementar (EAPC), das duas modalidades a única lucrativa, será dita implementar, porque o *quantum* da renda mensal necessariamente não tem a ver com a remuneração do segurado como trabalhador (que seria a parte "básica").

2. *Clientela de protegidos*

Excetuados os servidores, somente cerca de 12% da nossa população obreira pode pensar nessa previdência particular supletiva da estatal. Os demais brasileiros filiam-se obrigatoriamente ao RGPS, recebem menos do que

(*) Advogado Especialista em Direito Previdenciário e Professor de Pós-graduação.

R$ 2.894,28[1] e, à exceção do auxílio-doença (91% de certa média tomada desde julho de 1994), não têm muito que complementar.

Entretanto, enquanto viger o fator previdenciário (que, na maioria dos casos dos aposentados mais jovens, é um redutor da renda mensal inicial), se adotarem um plano com renda programada, eles poderão pensar em auferir a última remuneração ou uma média aproximada desse montante.

Logo, os integrantes da classe média devem pensar seriamente nisso. Não só quem trabalha para uma empresa patrocinadora de um fundo de pensão (porque esse plano pode ser do tipo suplementar), como quem presta serviços para empresa sem ter criado a entidade fechada ou ser um contribuinte individual (eclesiásticos, facultativos, pequenos empresários e autônomos).

De todo modo, constitui-se de quem tem consciência do que é seguro privado e poupança individual, vale dizer, uma pessoa previdente e econômica.

3. *Trabalhador e servidor*

Com a regulamentação da EC n. 41/03, que se imagina virá em 2008, o País terá dois regimes básicos limitados ao teto do salário-de-contribuição, em 2007, de R$ 2.894,28: a) RGPS, dos trabalhadores da iniciativa privada; e b) dos servidores públicos.

Em relação aos que prestam serviços para a União, DF, Estados e Municípios, o mais adequado é prestigiarem os fundos de pensão de natureza pública, futuramente criados, aderindo ao plano de benefícios, que lhes pagará o que ultrapassar os vencimentos e os R$ 2.894,28 assegurados pelo RPPS.

4. *Autônomos e cooperados*

Os trabalhadores autônomos e os cooperados e, brevemente, também os pequenos empresários terão à sua disposição uma entidade fechada associativa, administrada por entidade de classe, um órgão sindical ou uma cooperativa.

A OAB e CAASP criaram a OABPrev, já com 7.000 advogados filiados a um regime complementar em funcionamento.

Possivelmente, o Conselho Regional de Medicina (CRM) e o Conselho Regional de Engenharia e Arquitetura (CREA) vêm criar o seu fundo de pensão associativo que admitirá os profissionais da engenharia e arquitetura.

E assim outros profissionais.

---

(1) Todos os valores mencionados no texto, como R$ 2.894,28, foram majorados para R$ 3.038,99, pela Portaria Interministerial n. 77, de 12.3.08.

5. *Cultura previdenciária*

A par do desconfortável esforço pessoal de enfrentar a inatividade laboral, por vezes a ociosidade total, matéria examinada por especialistas aqui agrupados, que sobrevém com uma aposentação, carece criar uma cultura previdenciária.

Sofremos uma tendência de simplificar o que ignoramos ou aquilo que não nos agrada. Assim, sabendo que nossos pais ou parentes sofrem ou sofreram com a previdência social básica, de modo geral a técnica de proteção social é desprezada, "não tem salvação, vai quebrar, etc.", e se esquecem de que em muitíssimos casos ela é a única solução para o futuro.

É preciso defender nossa previdência pública, básica e estatal, mas também compreendê-la em seu papel.

Poucos pensam no lado preventivo da cobertura securitária, vale dizer, o elemento de seguro que cobre o risco da incapacidade ou invalidez.

Preparar-se para a aposentadoria também quer dizer programar-se para a jubilação, que ocorrerá um dia, em função de vários parâmetros pessoais: a) idade; b) estado civil; c) condição física; d) tempo de serviço acumulado; e) situação profissional, pessoal e familiar; e f) esperança média de vida.

Releva conhecer a legislação e sua dinâmica (praticamente sofre mutações anuais de grande relevância). Dá-se um exemplo: o que substituirá o fator previdenciário, caso ele seja extinto, e qual será o novo limite de idade.

6. *Capital acumulado*

As mensalidades aportadas pelo participante de um plano de benefícios aberto ao longo do tempo constituem um capital acumulado que, quando da data-base, se prestará para o cálculo da renda mensal inicial.

Tendo em vista a presença dos juros acumulados, além dos frutos das aplicações, o resultado final depende do aporte mensal e do tempo de contribuição. Quem começa a recolher mais cedo (por exemplo, aos 16 anos) poderá pagar menos do que quem o faz mais tarde.

7. *Institutos técnicos*

Tendo em vista a sua natureza (1), ser um empreendimento que compreende certo risco financeiro (2), sua complexidade organizacional (3), a dependência do desenvolvimento econômico do País (4) e o longo tempo de maturação dos capitais acumulados (5), além da necessária transparência por parte das entidades gestoras (6), em razão da fiscalização da Secretaria de

Previdência Complementar (SPC), do MPS (7), da Superintendência dos Seguros Privados (SUSEP) do MF (8), releva o acompanhamento dos interessados.

Vale também conhecer a existência de cinco institutos técnicos: a) saques abertos; b) *vesting*; c) resgate; d) autopatrocínio; e e) portabilidade.

a) Saques abertos

Quase todos os produtos oferecidos pelas EAPC, tendo em vista a ideia de atrair os compradores, oferecem a possibilidade de saque parcial ou total, praticamente logo depois da admissão. Por isso alguns autores não designam essa modalidade de poupança como sendo uma técnica previdenciária, reduzindo-se à ideia de aplicação financeira.

Quem pretende projetar um ócio com dignidade, completando aquilo que vai receber do RGPS ou RPPS, terá de pensar em se programar para recolher mensalmente, ainda que uma importância menor, mas seguidamente e sem efetuar saques. Como se estivesse no Regime Geral de Previdência Social (RGPS), que não permite isso.

b) Vesting

O filiado a um plano de benefícios de uma EFPC, afastando-se do empregador patrocinador da entidade, pode optar por não mais contribuir e deixar que o capital até então acumulado permaneça no fundo de pensão, ali sendo acrescido dos frutos das aplicações até que o segurado complete os requisitos necessários para receber um benefício proporcional diferido, também conhecido como *vesting*.

c) Resgate

Desfeito o vínculo empregatício com a patrocinadora e pretendendo se afastar da EFPC, o participante tem permissão para sacar toda a sua reserva de poupança, isto é, tudo aquilo que ele economizou (menos a fração aportada pela patrocinadora).

Disporá desse capital, podendo fazer o melhor uso previdenciário à sua disposição, mais ainda se teve oportunidade de liberar o Fundo de Garantia do Tempo de Serviço (FGTS) e o PIS-PASEP.

d) Autopatrocínio

Quem se afasta do empregador, mas não deseja se retirar do fundo de pensão, se quiser, continuará contribuindo, então com dupla cota, até completar os requisitos para um benefício pleno na EFPC.

e) Portabilidade

Nas mesmas circunstâncias anteriores, vale dizer, o empregado, deixando a empresa para a qual prestava serviços e que havia criado a EFPC, admitindo-se que esse participante vá trabalhar para outra empresa, que também tenha implantado um fundo de pensão, há previsão de transporte do total da sua reserva matemática, aquilo que ele e a empresa recolheram à EFPC para o novo fundo de pensão e ali, um dia, vir a ser complementado. Sendo certo não dispor pessoalmente do valor, que será portado diretamente do fundo emissor para o fundo receptor.

8. Soluções propostas

Conforme cada caso, o interessado procurará informações sobre o que significa a previdência complementar, inicialmente distinguindo entre fechada e aberta. A primeira tem alguma semelhança com o regime do INSS, é facultativa e não lucrativa. A segunda, embora facultativa, é lucrativa, aproximando-se mais de uma poupança individual.

Ambas dependem do estágio da economia do País e constituem-se em atividades financeiramente arriscadas; crescem com o aquecimento e padecem com as flutuações do mercado. Boa parte do capital individual que acumulam em favor do segurado tem origem nas aplicações financeiras.

Tomada a decisão, o primeiro passo é saber quanto a pessoa dispõe para poupar, apartando-a de suas despesas e economizar, aplicando-a pensando no futuro. Deve conceber essa reserva não como uma faculdade (a liberdade é só de ingresso), mas uma obrigação mensal.

O segundo passo é escolher entre um seguro privado e um plano de previdência aberta. A primeira proteção destina-se mais à cobertura dos infortúnios, caso dos acidentes de modo geral. A segunda proteção direciona-se no sentido de uma renda, a ser auferida em determinado momento da inatividade.

Resolvido que optou por uma renda mensal, é hora de pensar na escolha do gestor de suas economias.

Independentemente do *portfolio* oferecido por várias e idôneas companhias seguradoras, com toda certeza, este é o passo mais importante a ser dado. A escolha do gestor das economias depende de vários fatores e que nem sempre estão ao alcance do comum dos mortais.

Releva saber que esses gestores apreendem os recursos mensais e os aplicam, que eles têm despesas administrativas de variada ordem e lucro. Que, quando investem, perdem, ganham, mas mais ganham do que perdem, daí o sucesso desses empreendimentos. Assim, podem oferecer planos arriscados com resultados maiores e resultados menores com maior segurança.

Por outro lado, é preciso considerar a experiência dessas entidades, saber há quanto tempo estão no mercado. De regra, sua ancianidade revela que se mantêm vitoriosas.

Sua idoneidade e o nome que desfrutam no mercado securitário são bastante significativos. Estatais, como Banco do Brasil e Caixa Econômica Federal, reúnem essas duas características.

Ao lado da experiência e do renome, o patrimônio da companhia seguradora é uma modalidade de garantia do investimento.

Não se pode esquecer a litigiosidade da seguradora, porque algumas delas exageram na contestação do direito ao benefício.

9. *Tipo de renda*

Uma renda mensal complementar conhece duas modalidades básicas: a) renda programada; e b) renda vitalícia.

Escolhida a data-base em que ela se inicia, o titular possuirá um capital acumulado (resultado e suas contribuições mensais e fruto das aplicações financeiras da companhia seguradora), que se prestará para o cálculo do valor mensal.

Escolhida a renda programada, a seguradora assume o compromisso de pagar o montante mensal dentro do prazo estipulado.

Escolhida a renda vitalícia, ela será mantida até o falecimento do segurado e, à evidência, será de valor menor que a anterior.

10. *Literatura jurídica*

Quem estiver pensando no seu porvir deve conhecer a legislação básica da previdência complementar. Recomendamos nossos *Comentários à Lei Básica da Previdência Complementar*, em que comentamos, palavra por palavra, a Lei Complementar n. 109/01. Sem falar nos *Pareceres selecionados de previdência complementar* e *Retirada de patrocinadora*, todos publicados pela LTr Editora, de São Paulo. Bem como o *Direito previdenciário procedimental complementar* (São Paulo: LTr, 2007), em que apreciamos cada uma das 48 infrações a que ficam sujeitos os administradores dos fundos de pensão e quais são os direitos dos participantes ativos, em risco iminente e assistidos.

ENTENDENDO O ENVELHECIMENTO: POSSIBILIDADES E LIMITES PARA UMA MELHOR QUALIDADE DE VIDA

Carlos Rodrigues da Silva Filho(*)

Podemos conceituar o envelhecimento como a soma de todas as alterações biológicas, psicológicas e sociais, que, depois de alcançar a idade adulta e ultrapassar a idade de desempenho máximo, levam a uma redução gradual da capacidade de adaptação e de desempenho psicofísico do indivíduo, aumentando a vulnerabilidade à morte. Considera-se idoso aquele indivíduo que tenha 65 anos ou mais, nos países desenvolvidos, ou 60 anos ou mais nos países em desenvolvimento.

Envelhecer, ainda que da perspectiva individual tenha a conotação de uma situação não necessariamente desejada, é inexorável, e tem como sua antípoda a morte precoce. Da perspectiva coletiva, no entanto, tem sido uma aspiração das mais diversas sociedades, e tem ocorrido de forma mundialmente cada vez mais intensa, ou seja, viver muito tem se tornado uma realidade.

Já o intervalo de vida é uma conceituação para as diversas espécies de seres vivos, e não se altera pelos mesmos determinantes da expectativa de vida. Assim, a espécie humana tem seu relógio biológico imutável, desde o princípio, e esse relógio marca um potencial de vida em torno dos 100 anos, sendo o "intervalo médio até a falha" ao redor dos 75 anos.

O envelhecimento populacional é um processo que combina uma baixa taxa de fecundidade (entram menos jovens nas populações) com uma maior expectativa de vida ao nascer, expectativa essa que se renova com a superação dos intervalos da vida que colocam os seres humanos mais frágeis e susceptíveis à morte. O envelhecimento individual não é um processo linear e depende de múltiplas e complexas interações entre a herança genética, o estilo de vida e o extrato socioeconômico e geográfico no qual o indivíduo se insere, e ocorre de forma progressiva, sendo diferentes os mecanismos fisio-

(*) Médico internista e geriatra, Doutor em Medicina e Professor da Faculdade Estadual de Medicina de Marília.

lógicos do processo natural de envelhecimento (senescência) daqueles fisiopatológicos que caracterizam as doenças comuns do idoso (senilidade).

Não é incomum que esse processo de diminuição das reservas ocorra na mesma fase da vida em que o indivíduo está se aposentando, de forma que a interface entre aposentadoria e envelhecimento é bastante ampla e óbvia.

Os dados apontam para uma realidade em que, ao atingir os 60 anos, uma mulher nascida numa região desenvolvida pode esperar viver outros 17 e os homens, 15; porém, se atingirem 70, elas podem esperar viver outros 15 anos e os homens 13. É como se tivéssemos bônus por desempenho, o que oferece, mesmo àqueles indivíduos que se preocuparam com a saúde e a longevidade, mas não se mobilizaram para conquistá-la, a chance de começar a fazê-lo, mesmo que tardiamente, no momento de sua aposentadoria. Naturalmente, aqueles que se preocuparam em conquistá-la durante toda sua vida chegam com grande vantagem nesse novo momento.

O bônus demográfico

Da perspectiva do País, vivemos atualmente um período muito favorável, chamado "bônus demográfico". A principal razão desse bônus é a queda na taxa de fecundidade, que, em 2004, de acordo com a Pesquisa Nacional por Amostra de Domicílios, chegou no Brasil a 2,1 filhos por mulher e hoje já se encontra menor que 2, nível de mera reposição populacional.

Com menos crianças, cresce a participação da população em idade ativa, entre 15 e 64 anos, no total. Essa participação é medida pela taxa de dependência. Em 1960, para cada grupo de 100 brasileiros em idade ativa, havia 81 crianças e seis idosos. A taxa era, portanto, de 87 "dependentes" por 100 em idade ativa.

Desde então, a taxa vem caindo, e as projeções populacionais indicam que chegará ao menor nível histórico nos próximos 30 anos. Com menos população "dependente", aumenta a possibilidade dos trabalhadores de acumularem poupança e investirem.

Os demógrafos alertam, no entanto, que esse bônus tem prazo para acabar. A partir de 2030, a queda na fecundidade deverá chegar a um limite, enquanto a proporção de idosos no total deve aumentar em ritmo acelerado. Após ter chegado a 46 por 100 em 2020, a taxa de dependência será de 59 (28 crianças e 31 idosos) para cada grupo de 100 brasileiros em idade ativa em 2050. Em 2000, essa taxa era de 53 por 100.

Em qualquer país, a transição demográfica só acontece uma vez e somente uma vez se pode utilizar o bônus. Esse fenômeno de nada adiantará se o país não absorver a mão-de-obra disponível, e o maior indicador de desperdício hoje desse bônus são as altas taxas de desemprego. Esse período pode, no entanto, ser caracterizado por uma janela de oportunidade para o desenvolvimento acelerado, se bem aproveitado.

A centralidade do trabalho

O trabalho, em seu sentido ontológico e independente dos diferentes entendimentos que se pode ter a partir deste conceito, continua sendo, considerando as implicações cognitivas, afetivas e axiológicas que ele suscita no indivíduo, elemento central na vida do sujeito histórico, ou seja, uma categoria de interpretação da condição humana.

O trabalho e, consequentemente, a identidade profissional adotada por cada pessoa é parte constituinte da identidade individual, desde que inserido num contexto, inscrito numa temporalidade e guiado pelo objetivo da ação. Deste modo, mesmo num ambiente que se transforma rapidamente, ainda mantém a sua centralidade.

Para que um trabalho tenha sentido, considerado não apenas o próprio, mas também os sentidos atribuídos a ele, é necessário contemplar dimensões que implicam envolvimento cognitivo e afetivo por parte daquele que o realiza.

A finalidade da ação, a eficiência da atividade, a possibilidade de satisfação intrínseca e a garantia de segurança e autonomia são os pontos que conduzem o trabalhador a realizar um trabalho com sentido, juntamente com o fato de o trabalho ser moralmente aceitável, de proporcionar o desenvolvimento de afiliações e de ocupar parte de uma rotina diária.

Destaca-se ainda um elemento a mais do trabalho: a sua não neutralidade em relação à vida e à saúde das pessoas. E aí está, novamente, a sua dialética: ao mesmo tempo que oprime, liberta; é fonte de prazer e de angústia; produz saúde e doença.

Desse contexto, não é difícil deduzir que no momento da aposentadoria se vivencia uma crise, que pode, e na maior parte das vezes isso ocorre, impactar a vida das pessoas, para o bem ou para o mal.

A qualidade de vida relacionada à saúde dos idosos no Brasil

De acordo com a visão mais recente, para se alcançar um melhor nível de saúde, não basta apenas estimular e/ou induzir os indivíduos a adotarem condutas saudáveis, sem considerar o contexto social, político, econômico e cultural no qual estão inseridos. O meio gera ou favorece o adoecimento assim como facilita ou dificulta a prevenção, o controle e/ou a cura das doenças.

O processo de envelhecimento engloba muito mais do que mudanças físicas do corpo. Aspectos emocionais, cognitivos e sociais também contribuem para a configuração de uma velhice bem-sucedida, normal ou patológica. Sendo assim, pensar a qualidade de vida na velhice requer observar a multidimensionalidade e multidirecionalidade destes construtos.

No que se refere à saúde, qualidade de vida e aposentadoria, importante notar que as pessoas que estão chegando à idade de se aposentarem hoje, devido a uma entrada precoce no mercado de trabalho (não tínhamos um desemprego tão expressivo 35 anos atrás), nem sempre podem ser consideradas idosos do ponto de vista cronológico (pela etária), ainda que na dependência de como os mesmos usufruíram suas vidas, aproveitaram as oportunidades e pela vida foram tratados, poderem ter chegado num estado funcional bastante precário, com importantes reflexos na qualidade de vida. Por isso mesmo, esse momento da vida oferece uma grande oportunidade para um inventário da saúde com a qual enfrentaremos o porvir, identificando-se individualmente as fortalezas e fragilidades de cada um de nós, para, numa abordagem e intervenção ampla, poder potencializar as dimensões que vêm funcionando bem, e corrigir as que chegaram desgastadas pelo tempo ou pelo uso incorreto ou abusivo de nossas funcionalidades.

Dois aspectos devem ser realçados nesse particular. Inúmeros estudos têm demonstrado que as pessoas que trabalham apresentam melhores condições de saúde do que a população geral, e que as pessoas doentes e incapazes são, geralmente, excluídas do mercado de trabalho. O desemprego tem sido associado a piores condições de saúde, a maiores taxas de mortalidade e maior prevalência de sintomas psiquiátricos, de hipertensão arterial e hábitos de vida nocivos, como consumo de bebida alcoólica e cigarro. Portanto, o trabalho apresenta uma correlação positiva com a saúde e qualidade de vida das pessoas, na imensa maioria das vezes, de forma que os que hoje se aposentam têm esse aspecto a seu favor. Trabalharam e tiveram ao menos uma oportunidade de realização pessoal, orçamento doméstico regular, suprimento das suas necessidades básicas, cuidado e educação dos filhos e previdência. Desse modo, chegaram com vantagem a esse período da vida, se comparados com os que não tiveram essa oportunidade.

O segundo é que, considerando achado de estudo recente realizado no sudeste, mas não para outras regiões do País, pode-se afirmar que a maioria dos idosos encontra-se satisfeita com sua vida em geral e essa satisfação se relaciona com aspectos específicos de suas vidas, como a presença do conforto domiciliar, a valorização do lazer como qualidade de vida, o acordar sentindo-se bem pela manhã, o fato de não referirem solidão, a possibilidade de realizar três ou mais refeições diárias e a ausência de Diabetes Mellitus.

As possibilidades

O padrão de saúde de um indivíduo ao tempo de sua aposentadoria varia num amplo espectro que se move da presença da plena saúde e preservação de toda a sua funcionalidade até um acúmulo de múltiplas doenças crônicas e a perda de múltiplas funções, na dependência da interação da carga genética com os múltiplos fatores envolvidos na gênese da saúde-doença.

Fazemos a ressalva de que a extensão da funcionalidade e o tema envelhecimento antes pertencente aos domínios da geriatria e da gerontologia começaram a ganhar espaço em outras áreas do conhecimento. Apesar dos avanços tecnológicos na área médica da geriatria, o que se consegue até o momento é retardar alguns dos efeitos do envelhecimento em nosso organismo. De tal sorte que o declínio físico e muitas vezes intelectual, como consequência do envelhecimento, continua sendo um grande desafio para a ciência e uma preocupação constante em diferentes áreas de estudo.

Não obstante essa afirmativa, como regra geral, pode-se afirmar que a abordagem da geriatria na prevenção e controle das doenças e na promoção da saúde nessa fase da vida busca evitar ou postergar a manifestação clínica das doenças, interferindo precocemente nos fatores de risco sabidamente envolvidos na gênese das principais afecções crônicas do idoso, objetivando evitar ou adiar ao máximo o aparecimento das doenças. Segundo *Fries* (1980), *a compressão da morbidade* é uma importante maneira de ampliar o tempo de vida útil, funcionalmente preservado, pela postergação das manifestações clínicas das enfermidades para o período mais próximo do final da vida. Desta forma, o tempo de doença seria bastante reduzido, podendo tender a zero nos casos em que o controle dos seus determinantes fosse tão eficiente a ponto de a enfermidade sequer se manifestar durante o transcurso da vida. Esta possibilidade só passou a ser uma realidade na medida em que os fatores determinantes de cada doença foram identificados e valorizados e, mais do que isso, quando seu controle efetivamente contribuiu para a menor incidência desta enfermidade.

Quais são os grandes problemas de saúde a serem enfrentados nessa fase da vida?

Basicamente, as chamadas doenças crônicas não transmissíveis.

Dessa forma, os problemas médicos mais comuns no entorno da 6ª década são, como regra geral, as desordens do afeto, as disfunções sexuais, as cardiovasculares e seus fatores de risco, as metabólicas, como a obesidade e o diabetes, e as doenças de ossos e juntas, com as diferenças na prevalência pelas diferenças existentes entre raças, classes sociais e sexo. É de notar-se que nesse conjunto de agravos se fazem representar aqueles que são ultimamente fatais, com aqueles de baixa probabilidade de causar a morte, mas que levam a grande desarranjo na qualidade de vida.

Nas mulheres, as desordens do humor (e muitas de suas consequências, como a obesidade, a disfunção sexual, a insônia e a fibromialgia), o tabagismo e as desordens decorrentes (cardiovasculares, respiratórias e os cânceres), as desordens associadas ao climatério, as desordens osteometabólicas (osteoporose) e articulares (osteoartrose) e as metabólicas (diabetes mellitus e obesidade) são as entidades mais comuns.

Nos homens, prevalecem as doenças cardiovasculares, a obesidade, o tabagismo, as disfunções sexuais e do humor.

Importante lembrar que a maior parte desses problemas está interligado, de forma que não é incomum a obesidade ou o diabetes mellitus levarem a disfunções sexuais, assim como o tabagismo provocar as doenças cardiovasculares, ou seja, são as doenças crônicas não transmissíveis e seus fatores de risco.

Podemos de forma geral, dividir esses agravos nos seguintes grupos:

Aqueles que o seu controle diminui muito a chance de morte sem, contudo, oferecer uma clara percepção de melhora da qualidade de vida. Exemplos típicos desse grupo seriam a dieta rica em fibras e baixa em gorduras e açúcares, o tratamento das dislipidemias, o tratamento da osteoporose e o controle da hipertensão arterial. A dieta para esse fim, necessariamente prescrita, não é, via de regra, uma dieta muito saborosa para os gostos nacionais; as dislipidemias costumam dar sintomas somente de suas complicações; a osteoporose costuma dar sintomas quando os ossos se quebram e uma boa parte dos hipertensos ao menos tem sintomas. Ao se tratar, podem desenvolvê-los, de forma que se isso não for debatido entre os profissionais de saúde e os clientes, o abandono do tratamento pode ser inaceitavelmente alto.

Aqueles que a sua promoção e controle melhoram tanto a qualidade de vida, como diminuem a chance de ficar doente e morrer. Os exemplos aqui são a obesidade, a inatividade física, a qualidade da dieta, o controle do tabagismo, alcoolismo e as vacinações. Ao se conseguir promovê-los, contê-los ou readequá-los, melhora-se substancialmente a percepção de bem-estar e boa qualidade de vida relacionada à saúde e diminui-se de forma exponencial o risco de se ficar doente e morrer.

Aqueles agravos que, sem ameaçar importantemente a vida, oferecem, pelo seu controle, uma enorme percepção de boa qualidade de vida relacionada à saúde. São exemplos desse grupo as doenças do humor (desordens depressivas e ansiosas), as doenças articulares, o tratamento das disfunções sexuais, dos distúrbios do sono e da fibromialgia.

Intervenções que possibilitam melhorar a saúde e a qualidade de vida

Notem que, nesse capítulo, trataremos das práticas médicas, não se dispensando, todavia, todas as outras condições não médicas, enumeradas anteriormente, que são necessárias para se vivenciar uma boa velhice. Os conceitos enumerados a seguir são emitidos numa linguagem não técnica, mas advindos de um modelo de atuação médica chamada Medicina Baseada em Evidências, que pode ser definida como "... qualquer observação empírica e metodologicamente comprovada sobre a aparente relação entre eventos...", e que, quando utilizada para guiar a prática médica, deve estar sujeita a uma avaliação histórica e científica. Esse cuidado se justifica posto que a Geriatria, por um tempo muito longo, concorreu com a charlatanice, por ter pretendido vender aquilo que, sabidamente, não poderia entregar, ou seja, a eterna juventude.

Essa definição destaca de pronto que, nem a medicina ortomolecular e seu clássico arsenal diagnóstico e terapêutico, nem a reposição de megadose de vitaminas têm sustentação nas evidências, não sendo, dessa forma, recomendadas até o momento.

Dito isso, quais são as práticas de saúde disponíveis e que podem realmente prolongar a vida e melhorar a qualidade de vida?

Proteção à excessiva exposição solar.

Prática de atividade física regular.

Controle do peso.

Reajuste da dieta para uma baixa ingestão de gordura animal (corrigir a ingestão regular de leite integral, carnes vermelhas, queijos amarelos), e açúcares, aumentando-se a ingestão de grãos, verduras e frutas (fibras) e carnes brancas (frango e peixes).

Práticas sexuais seguras e protegidas, nos encontros casuais.

Vacinação para gripe (influenza), pneumonia (pneumocócica) e tétano.

Redução do consumo de álcool a não mais que 30 gramas ao dia, correspondente a duas doses de fermentados ou a uma dose de destilados para o homen, e metade disso para as mulheres. Podemos considerar que uma pessoa tem feito uso abusivo de álcool, se ela apresenta três ou mais dos seguintes sintomas: forte desejo de consumir, difícil controle do nível do consumo, quando a mesma dose já não faz mais efeito e começa a beber cada vez mais, quando se sente mal quando não bebe, persistência do uso com consciência do prejuízo e diminuição de outros interesses. Caso nos identifiquemos com esse padrão de consumo, melhor seria procurar ajuda para um tratamento adequado.

Afora essas medidas gerais, temos hoje intervenções bastante efetivas para o tratamento das entidades enumeradas a seguir, todas elas comuns e determinantes da quantidade ou qualidade de nossas vidas:

Tabagismo, considerado a mais devastadora epidemia a ser enfrentada nos dias atuais e para os próximos vinte anos e a maior causa prevenível de doença e morte em todo o mundo, e classificada no CID 10 como uma doença mental por dependência química a uma das substâncias da fumaça do cigarro, a nicotina. Ele está envolvido como causador numa grande parte dos cânceres, doenças cardiovasculares (coração, membros e sistema nervoso central), doenças respiratórias, impotência sexual masculina e envelhecimento cutâneo.

Fundamental entender que tabagismo não é hábito e sim vício, e logo, não é considerado uma fraqueza de caráter, passível de ser contido apenas com determinação. A chance que um indivíduo tem de ser bem-sucedido numa ação não monitorizada de contê-lo é da ordem de 3% a 5% a cada tentativa. Numa abordagem médica com acompanhamento, essa chance pode subir para 66%, pelo tratamento da síndrome de abstinência e fissura que acompanham o tratamento das dependências químicas e as tentativas de paradas do tabagismo.

Temos hoje ao menos quatro substâncias que ajudam no tratamento dessa dependência — a reposição de nicotina nas formas de adesivos cutâneos ou de goma de mascar, os antidepressivos Nortriptilina e Bupropiona e a medicação não nicotínica Tartarato de Vareniclina, um agonista parcial dos receptores nicotínicos do sistema nervoso central e estimulante de dopamina (neurotransmissor do circuito do prazer).

Lembramos que devido à alta taxa de recaída, só se considera que um indivíduo realmente deixou de fumar após pelo menos um ano da parada completa do tabagismo e que é muito difícil que alguém realmente consiga esse intento buscando apenas diminuir o consumo, ou seja, não existe nível seguro para esse vício.

Osteopenia (fase que precede a osteoporose) e osteoporose, principalmente as drogas do grupo dos Bifosfonados (Alendronato, Risedronato, Clodronato e Ibandronato).

Melhora da lubrificação e função da cartilagem nas juntas, e que podem tanto ajudar na prevenção como no tratamento das **osteoartroses** (doenças degenerativas das articulações), quais sejam: o Extrato insaponificável de abacate e soja, a Diascereína, a Condroitina e a Glicosamina.

A possibilidade de próteses articulares, principalmente de quadris e joelhos, nos casos de grande destruição dessas juntas e incapacidades ou dores crônicas.

A possibilidade de introdução de lentes intraoculares para a substituição do cristalino no caso da opacificação do mesmo (**Catarata**) e próteses auditivas para os casos de **surdez** de causa não neurológica ou central.

O entendimento dos **distúrbios mentais** avançou de forma exponencial assim como as possibilidades de tratamento farmacológico e não farmacológico. A Organização Mundial da Saúde constatou que a doença mental é universalmente o principal problema de saúde das mulheres. Cento e vinte milhões de pessoas no mundo inteiro sofrem de depressão. Todos os anos, um milhão de pessoas se matam, e outros 10 a 20 milhões tentam o suicídio. Nesses casos, tudo indica que o medo de perdermos nossas faculdades mentais está se tornando a principal preocupação de nossos dias.

Muito mais do que estar simplesmente triste, na "fossa" ou de "baixo astral", ter depressão é ser portador de uma doença que requer tratamento especializado e contínuo. O diagnóstico é feito pelos sintomas de humor deprimido ou perda de interesse em quase todas as atividades (ou ambos) e a presença de outros sintomas como distúrbios do sono, sentimento de inutilidade ou culpa excessiva, fadiga ou perda de energia, diminuição da concentração, alterações do apetite ou peso, agitação ou retardo psicomotor e pensamentos recorrentes de morte ou suicídio. Muitas vezes apresentam-se com perda de memória e sintomas físicos, como dores inespecíficas.

Mais recorrente entre as mulheres (cerca de 20% delas padecem desse mal, contra 10% dos homens), a depressão altera o estado de ânimo, gerando falta de disposição e sentimentos de pessimismo, culpa e ruína. Outra consequência da doença, também muito comum, é a diminuição do interesse sexual. A perda da libido, por exemplo, atinge 52% das mulheres com depressão.

Temos hoje, no entanto, uma variedade de intervenções e medicamentos bastante efetivos, tanto para os quadros depressivos como para os distúrbios crônicos ou clônicos da ansiedade, males que mais comumente agravam a saúde mental no envelhecimento. Afora esses distúrbios mais comuns, menos severos e de mais possibilidade de controle, temos também ótimas intervenções para os distúrbios psicóticos ou esquizoafetivos, desde que consigamos superar a chamada "lei dos cuidados inversos", qual seja, a constatação de que quem mais precisa de ajuda terapêutica é, via de regra, quem menos está disposto a buscá-la.

Em relação à **memória**, alguns conceitos são importantes. O primeiro deles é que a perda de memória não é um acontecimento natural da idade. Ainda que os quadros de demências sejam mais comuns com o envelhecimento (3% ou 4% aos 60 anos e cerca de 15% a 20% aos 80 anos), notem que exatamente a proporção complementar das pessoas não apresenta esse sintoma, de forma que se esse é um problema verificado, não se deve postergar uma avaliação médica que identificará sua provável causa. Em relação à perda de memória, é importante ainda destacar que, quando falamos de uma perda clinicamente significante, estamos nos referindo à perda progressiva de memória e principalmente da memória para fatos recentes, contexto esse nem sempre percebido pelos pacientes e sim pelo seu entorno. Existem situações mais comuns e menos severas de perda de memória, como o uso de algumas medicações, principalmente os Benzodiazepínicos (calmantes), outras utilizadas para quadros de tonturas (Flunarizina) e algumas patologias, tais como depressão, doenças cerebrovasculares, funcionamento anormal da tireóide e outras doenças sistêmicas. É muito importante a tentativa de se definir a causa provável, visto que para as demências verdadeiras, como a Doença de Alzheimer, o arsenal terapêutico atual é muito precário e uma verdadeira resposta, com melhora significativa do sintoma, é muito incomum de ocorrer.

Em relação à **sexualidade**, sabemos que disfunções como a falta de desejo, dificuldade de excitação (lubrificação na mulher e ereção no homem), dificuldade para ter orgasmo ou falta de controle da ejaculação pelo homem são queixas muito frequentes, verificando-se uma prevalência de disfunção sexual da ordem de 40% a 50% na população em geral, e índices maiores que esses em pessoas idosas e pacientes psiquiátricos.

O ciclo sexual feminino é mais suscetível a mudanças que o masculino. Os homens, geralmente, obedecem a uma sequência mais simples, caracterizada por desejo-excitação-orgasmo, mas nas mulheres, essa fórmula não vale em todos os casos, muitas variáveis estão interagindo para um bom desempenho. Pode-se dizer, emprestando-se uma analogia, que pela complexidade maior da resposta sexual feminina contrastada com o masculino, é como se comparar o painel de controle de uma nave espacial com o de um liquidificador. Essa complexidade leva a que hoje tenhamos muito boas opções para reabilitar a sexualidade masculina, principalmente no que se refere à impotência, e um precário arsenal para reabilitar a feminina.

São drogas que diretamente podem contribuir para a melhora da potência e ereção masculina o Sildenafil, Tadalafil e Vardenafil, de efeito bastante similar, mas que podem variar no tempo que permanecem agindo, por exemplo. Podemos inferir que, de forma indireta, as mulheres acabam por se beneficiar dessas medicações, na medida da reabilitação de seus parceiros.

Dado à diversidade do padrão de resposta e possível falha em várias das fases, ainda não dispomos de intervenções medicamentosas muito efetivas para recuperar ou potencializar a função sexual feminina, a não ser, talvez, alguma suplementação de testosterona nas situações em que o desejo está prejudicado e estrógeno isolado ou combinado com progesterona, local ou sistêmico, nas situações em que a função de lubrificação e atrofia vaginal é que estão interferindo na função.

Em relação a outras doenças crônicas, importante destacar a efetividade do arsenal terapêutico hoje disponível para o tratamento dos casos de Diabetes Melittus, de Hipertensão Arterial Sistêmica e das Dislipidemias (aumento do colesterol e dos triglicérides no plasma).

Os limites

Com os progressos da medicina e a melhoria do nível de vida, morre-se cada vez mais tarde. Contudo, viver mais tempo não significa, necessariamente, fazê-lo com mais qualidade. A forma como envelhecemos torna-nos presa fácil para um grande número de doenças crônicas, a ponto de atualmente se distinguir a expectativa de vida da expectativa de vida saudável. É diferente a intervenção para controle de doenças e fatores de risco em momentos de maior fragilidade, como o que se inicia aos 60 anos, num indivíduo com idade cronológica comparável à funcional e num outro em que a essa fase chegou, com um acúmulo de doenças crônicas ou lesões permanentes.

Muitas tentativas de intervenção que inicialmente pareciam muito favoráveis mostraram-se algum tempo e muitas mortes evitáveis depois, atrapalhando mais do que ajudando na preservação da saúde. Um exemplo clássico disso é a terapia de reposição hormonal no climatério como regra geral. Décadas depois de ser utilizada com a convicção de retardar o processo de envelhecimento feminino, mostrou-se mais deletéria do que efetiva para o fim a que foi prescrita e cai progressivamente em desuso, felizmente.

Da mesma forma, ainda que seja inquestionável que a produção de radicais livres contribui para o envelhecimento do organismo, não se tem nenhuma evidência de que as terapias antioxidantes disponíveis produzam algum resultado prático ou quantificável na resolução desse processo.

Há limites biológicos que a ciência ainda não consegue ultrapassar e isso nos remete à lembrança de quão mortal somos e do quanto precisamos nos mobilizar para conquistar a almejada longevidade com qualidade de vida.

Por onde começar?

Sem pretender fazer desse tópico uma panaceia, vamos enumerar algumas intervenções e atitudes que certamente contribuirão para a preservação e recuperação da saúde no momento da aposentadoria.

Se você é um fumante em atividade, pare de fumar imediatamente.

Corrija seu peso e melhore a sua dieta.

Restrinja a um nível seguro seu consumo de álcool.

Proteja-se física e quimicamente da exposição solar desnecessária. Não é verdade que para a síntese de vitamina D e prevenção da osteoporose necessitemos nos expor diretamente ao sol nos trópicos. Esse é um conceito importado de forma acrítica dos países nórdicos, onde a insolação se dá por tempo restrito durante o ano e não se aplica de forma nenhuma ao Brasil.

Inicie ou mantenha atividades físicas regulares. Caso suas juntas não estejam totalmente preservadas, faça uma adequação das atividades a suas limitações. Não sacrifique o resto do organismo, muito necessitado dessas atividades, em nome da preservação das articulações, pois não é uma atitude inteligente.

Mulher, só se submete à terapia de reposição dos hormônios sexuais pela exceção, por períodos curtos de tempo e de forma rigorosamente controlada e, sempre que possível, realize um exame densitométrico dos ossos ao tempo do climatério. A detecção precoce de perdas inadequadas de massa óssea torna a prevenção e o tratamento mais efetivos.

Realize os exames ginecológicos e de mama regulares, e os homens, o da próstata.

Evite a polifarmácia, principalmente advinda da automedicação.

Evite a todo custo o uso continuado de medicações anti-inflamatórias para dores e, quando o fizer, que seja sob orientação de um profissional de saúde capacitado. Dores crônicas são mais bem tratadas com medicações analgésicas.

Vacine-se regularmente contra a gripe, tétano e pneumonia. Lembre-se, ao se vacinar contra a gripe, não se espera exatamente não ficar gripado e sim uma diminuição perceptível, que de fato ocorre, das complicações e da mortalidade advindas dos casos mais severos de gripe.

Não retarde o tratamento dos distúrbios de ansiedade ou de humor, caso detectados. A qualidade de vida individual, familiar e comunitária melhora rapidamente.

Não entre em conflito com as suas doenças crônicas, uma vez detectadas. Postergar seu tratamento é a forma mais efetiva de colher precocemente suas complicações, algumas delas sérias demais para serem superadas. Isso é muito comum de ocorrer nos casos de Diabetes Mellitus, alterações de colesterol e triglicérides, e hipertensão arterial sistêmica. Numa boa parte das vezes, elas se mostram pouco sintomáticas e, ao se iniciar o tratamento medicamentoso, quase sempre necessário, muitas vezes se geram sintomas. Importante ter em mente que normalmente os efeitos colaterais ocorrem por um breve período de tempo e logo são resolvidos. Na maior parte do tempo, os efeitos em longo prazo do tratamento são muito favoráveis. Um bom exemplo é a terapia com o grupo das Estatinas, medicações para o controle do colesterol. Cada dia mais se identificam efeitos benéficos secundários, como diminuição da incidência de cânceres e diminuição da mortalidade por causas gerais, suplantando o efeito primário da indicação, para o controle do colesterol.

Passar o dia relaxando em casa, sem ter de cumprir com obrigações ou seguir horários, é apenas umas das dimensões possíveis de serem usufruídas na aposentadoria. Houve uma época em que o cidadão passava a vida inteira trabalhando, e quando se aposentava, tudo o que ele queria mesmo era descansar. Mas o que vem acontecendo ultimamente no segmento da terceira idade é uma sensível mudança de comportamento, de um aposentado inerte e passivo para um cidadão mais atuante. É um conceito que os profissionais de saúde costumam chamar de "envelhecimento ativo".

O envelhecimento ativo é uma recomendação da ONU (Organização das Nações Unidas) para as políticas públicas relacionadas ao envelhecimento. Ele prevê a otimização das oportunidades de saúde a fim de aumentar a qualidade de vida conforme as pessoas envelhecem. Se envelhecer é natural, isso não implica que o idoso vá aceitar a queda na saúde e da qualidade de vida como uma coisa natural.

Envelhecimento bem-sucedido é possível e depende do investimento pessoal feito ao longo da vida. Idosos portadores de doenças crônicas, quando controladas e prevenidas as sequelas e complicações, podem comandar sua vida, definir projetos, estabelecer metas. Tornam-se indivíduos portadores de boa saúde, não por terem ausência de doenças, mas por serem capazes de decisão, comando e realizações por seus próprios meios.

Mais importante do que se preocupar com a saúde, é buscar conquistá-la. Na grande maioria das vezes, isso é perfeitamente possível.

Bibliografia consultada

ANDERSON, M. I. P. Saúde e qualidade de vida no envelhecimento. *Textos sobre envelhecimento*. Rio de Janeiro, v. 1, n. 1, p. 23-43, 1998.

BRASIL. Ministério da Saúde. Secretaria da Atenção à Saúde. Departamento de Atenção Básica. *Envelhecimento e saúde da pessoa idosa*. Brasília, 2006. (Série A: normas e manuais técnicos; Cadernos de atenção básica, 19.)

COMFORT, A. *The biology of senescence*. 3. ed. New York: Elsevier, 1979.

DAVID, S. *et al*. Opioid antagonists for smoking cessation (*Cochrane Review*). In: *The Cochrane Library*. Oxford: Update Software, 2007. N. 3. Disponível em: <http://cochra

ne.bvsalud.org/cochrane/main.php?lib=COC&searchExp=opioid%20and%20antagonists%20and%20smoking%20and%20cessation&lang=pt> Acesso em: 29 nov. 2007.

FRIES, J. F. Aging, natural death, and the compression of morbidity. *The New England Journal of Medicine*, Boston, v. 303, n. 3, p. 130-136, jul. 1980.

GIATTI, L.; BARRETO, S. M. Saúde, trabalho e envelhecimento no Brasil. *Cadernos de Saúde Pública*, Rio de Janeiro, v. 19, n. 3, p. 759-771, jun. 2003.

GOYAS, M. Vida ativa na melhor idade. *Revista da UFG*, Goiânia, v. 5, n. 2, dez. 2003. Disponível em: <http://www.proec.ufg.br/revista_ufg/idoso/vida.html> Acesso em: 23 nov. 2007.

JACOB FILHO, W. *Envelhecimento*: conceitos e preconceitos. [S.l.]: Portal do Envelhecimento, 2004/2007. Disponível em: <http://www.portaldoenvelhecimento.net/acervo/pforum/eqvspp5.htm> Acesso em: 23 nov. 2007.

JOIA, L. C.; RUIZ, T.; DONALISIO, M. R. Condições associadas ao grau de satisfação com a vida entre a população de idosos. *Revista de Saúde Pública*, São Paulo, v. 41, n. 1, p. 131-138, fev. 2007.

JORGE, M. Idosos em idade ativa. *Espaço Aberto*, São Paulo, n. 51, jan. 2005. Disponível em: <http://www.usp.br/espacoaberto/arquivo/2005/espaco51jan/0comportamento.htm> Acesso em: 23 nov. 2007.

MOREIRA, M. M. S. *Trabalho, qualidade de vida e envelhecimento*. 2000. 107 f. Dissertação (Mestrado) — Escola Nacional de Saúde Pública, Rio de Janeiro, 2000.

PONTIFÍCIA UNIVERSIDADE CATÓLICA DO RIO GRANDE DO SUL — PUCRS. Instituto de Geriatria e Gerontologia. *Apresentação*. Porto Alegre, 2007. Disponível em: <http://www3.pucrs.br/portal/page/portal/pucrs/Capa/UnidadesUniversitarias/UNIInstitutos/igg> Acesso em: 29 nov. 2007.

SAFONS, M. P. Qualidade de vida na terceira idade: uma proposta multidisciplinar: relato de experiência. *Lecturas*: EF y Desportes: Revista Digital, Buenos Aires, v. 9, n. 64, sept. 2003. Disponível em: >http://www.efdeportes.com/efd64/tidade.htm> Acesso em: 23 nov. 2007.

SANTOS, S. R. *et al*. Qualidade de vida do idoso na comunidade: aplicação da Escala de Flanagan. *Revista Latino-Americana de Enfermagem*. Ribeirão Preto, v. 10, n. 6, p. 757-764, ês./dez. 2002.

SILVA, M. C. O processo de envelhecimento no Brasil: desafios e perspectivas. *Textos Sobre Envelhecimento*. Rio de Janeiro, v. 8, n. 1, 2005. Disponível em: <http://www.unati.uerj.br/tse/scielo.php?script=sci_arttext&pid=S1517-59282005000100004& lng=pt&nrm=isso> Acesso em: 23 nov. 2007.

TRENTINI, C. M. *Qualidade de vida em idosos*. Tese (Doutorado) — Faculdade de Medicina, Universidade Federal do Rio Grande do Sul, 2004.

AUTOESTIMA E AUTOIMAGEM DO APOSENTADO

Cléria Maria Lôbo Bittar Pucci Bueno(*)

Introdução

Entender a autoestima e autoimagem é ter de voltar à compreensão de conceitos que se relacionam ainda com a primeira infância. Por autoestima entende-se a opinião que temos a respeito de nós mesmos, e que em muito se relaciona com a maneira pela qual somos vistos, somos olhados e compreendidos em nossas necessidades e idiossincrasias. Desde pequenos somos confrontados com enormes desafios: ser aceito socialmente, ocupar espaços afetivos, aprender, construir, ser eleito por alguém, aprender a fazer escolhas. A autoestima revela, então, a forma pela qual o sujeito se apropria de uma gama de sentimentos pelos quais aprende a se reconhecer e a valorizar e estimar suas características mais pessoais. Quanto mais é ajudado e incentivado, maiores serão suas chances de êxito de autoestimar-se.

Em igual forma de raciocínio temos a autoimagem, que parte do reconhecimento que a criança tem de ser um ser separado, autônomo, ainda que dependente em seus anos iniciais do adulto cuidador. A autoimagem é resultante, dentre outros fatores, do desenvolvimento cognitivo e da linguagem, que lhe permite, a partir dos 18 meses, quando a criança já está inserida num contexto social de linguagem, esboçar suas primeiras frases, compreendendo-as e fazendo-se compreender pelo universo adulto.

Vários são os fatores que podem afetar, *lato sensu,* tanto a autoimagem como a autoestima: incentivo, carinho, motivação, amor, compreensão — o lado positivo da influência; ou negligência, desprezo, despreparo, rancor, incompreensão, violência — o lado negativo do afeto.

Tão imprescindível quanto necessária para o desenvolvimento de ambas as potencialidades e sentimentos humanos é a experiência da própria

(*) Psicóloga, Doutora em Serviço Social e Professora do Curso de Psicologia da UNIFRAN — Universidade de Franca.

existência, e isto inclui frustrar-se para saber lidar com este aspecto cruel, mas necessário ao equilíbrio mental.

Em todas as épocas de nossas existências, somos confrontados por desafios, ou, como bem salienta *Erickson* (1998),[(1)] vivemos crises típicas em distintas fases da vida, que nos impõem diferentes desafios. Vencê-los resulta em uma virtude. Dessa forma, o ego sincroniza e sintetiza todas as experiências, permitindo ao ser humano construir uma vida de valores e sentimentos ajustados às experiências pregressas. Mas o pólo negativo da vivência da crise está justamente em não superar o desafio, permanecendo no vácuo existencial de uma crise que acaba por não gerar oportunidades.

Na fase adulta, a partir dos 30 anos, vive-se o sétimo desafio, que gera uma crise entre sentir-se estagnado ou sentir-se pleno, alguém que gerou ideias, filhos, amigos, formou família e progrediu em uma carreira. Mais adiante, geralmente a partir da meia-idade, experimenta-se a última das crises existenciais: a da vivência da plenitude da existência ou de um sentimento de vazio e desespero, que culmina muitas vezes com o sentimento de que nada do que fora feito valeu a pena. Um passo para o adoecimento físico e psíquico, além de servir de elemento disparador para ansiedades, depressão e até ideação suicida.

Ao falarmos em aposentados, pensamos logo em uma destas duas fases da existência: a meia-idade, que compreende dos 45 aos 65 anos de idade, e obviamente a velhice, a partir desta idade, quando a aposentadoria já é fato consumado. Obviamente, há casos em que esta aposentadoria se dá precocemente, seja por invalidez permanente ou por perda da saúde, ou ainda em casos especiais, em função do tipo de insalubridade envolvida no trabalho. Para efeito deste estudo, consideraremos a situação padrão, ou seja, a aposentadoria por tempo ou de vida ou de contribuição ao INSS.

O adulto e o trabalho

Quando imaginamos o universo do adulto, o mundo no qual ele está inserido, o primeiro lugar onde o visualizamos é em seu trabalho, é no ofício de alguma atividade que, mais do que gerar lucros e frutos de sua atividade braçal e intelectual, representa-o socialmente. Podemos afirmar, então, que o trabalho está para o adulto assim como o brincar para a criança; não à toa que existe forte e sólida conexão entre ambos: criança que melhor (e mais) brinca é o adulto que, via de regra, melhor se insere no mercado de trabalho, ou que melhor se realiza profissionalmente, ainda que o fantasma do desemprego o

(1) ERIKSON, E. H. e ERIKSON, J. *O ciclo da vida completo*. Porto Alegre: Artes Médicas, 1998.

obrigue a aceitar subempregos ou o afastamento temporário dos postos de trabalho.

As fantasias infantis nas brincadeiras com outras crianças recriam o universo do adulto e, a respeito do mundo do trabalho, a criança vai construindo realidades outras que percebe e que introjeta. Muito da criatividade requerida profissionalmente, quando já adulta ela for, advém deste primeiro contato com o mundo adulto; nos jogos de faz-de-conta, onde recria o mundo a partir de sua ótica, e com esta, o que acha, percebe e julga.

Se imaginarmos que passamos pelo menos dez anos de nossas vidas como crianças, uma década apenas, e outra década a mais entre a juventude e o desabrochar dos anos primeiros de adultos. Levamos todo o resto de nossas existências como adultos, e isto inclui todas as tarefas que ser adulto envolve: decidir-se por uma carreira, encontrar a cara-metade, ter filhos, construir relacionamentos, fazer outras escolhas, crescer profissionalmente, planejar o futuro, viajar, descobrir potenciais em si e nos outros, continuar a conquistar desafios e valores e, subitamente um dia, talvez quando mais se saiba a respeito daquilo que se faz, o tempo nos diz que é hora de parar. Mas não nos prepararam para isso, como, aliás, para quase tudo que vem depois desta "tal de meia-idade": filhos saindo de casa para estudar fora ou casar, netos chegando, cônjuges se separando, viuvez e a aposentadoria.

Tudo isso sabemos, mas não compreendemos. Entre o entender — atitude puramente cognitiva — e o compreender, que envolve a reflexão e a percepção mais íntima e profunda das coisas, existe uma diferença, diria, de "tato" e profundidade. Sabemos, *a priori,* que um dia enfrentaremos todas estas situações supracitadas, só não sabemos como; e o pior, não nos avisam quando este momento chega. Parece que vem veloz como o vento, e quando nos damos conta, já está em nossos "calcanhares".

Se o adulto é, então, o somatório de tudo que realizou, e sempre estas realizações interagem com o trabalho, pois este é seu *lócus natural*, o que fazer quando a aposentadoria se torna uma realidade? Como representá-lo fora de seu *habitat natural*, ainda que saibamos que muitos continuam ativos no mercado, ou cuidando de seus familiares — netos, pais mais velhos ou enfermos? Estes adultos que já deveriam parar por força do fator tempo, mas ainda continuam a trabalhar, são cada dia mais visíveis em nossa sociedade.

Se antes eram exceções, hoje, com o aumento do envelhecimento populacional fruto de uma expectativa de vida maior, são comuns. Soma-se a isso o fato de que a mudança deste padrão sociodemográfico aumentou as demandas nas áreas sociais, educacionais e, sobretudo, na área de saúde, o que obriga muitos adultos, nesta fase da aposentadoria, a terem de assumir os cuidados com os seus mais velhos, ou ainda com seus netos, para que seus filhos possam trabalhar em paz.

Vemos a ausência governamental nos sistemas que deveriam amparar tanto os sujeitos no início da vida adulta, como as crianças, como aqueles que já atingiram a terceira idade. Tanto em um caso como outro, majoritariamente são as mulheres que estão sob o comando dos cuidados com crianças, enfermos ou idosos, mas também há uma porcentagem grande de aposentados cuidando de seus netos ou pais idosos, ainda que também neste particular as mulheres sejam a maioria.

Todavia, ainda que o aposentado esteja no comando de uma casa, ou cuidando de outro ser humano, ou ainda inserido no mercado de trabalho, que raramente o remunera à altura de seu conhecimento, não o vemos como ele próprio sabia ser visto — e se via a si mesmo, alguns anos antes. Em que pese a experiência e a tradição, nossa sociedade altamente consumista, individualista e baseada em valores que elege os ícones do consumismo, da beleza jovem e da sexualidade precoce e irresponsável como padrão cultural e social, não crê no talento adquirido pela experiência.

Vivemos em uma sociedade que tem como emblema sempre o novo, o descartável, o *fast-food*, a adrenalina e a velocidade em excesso correndo pelas veias. Uma sociedade que sofre cronicamente de impaciência com aqueles que já não caminham no mesmo ritmo, e não captam as rapidíssimas mudanças propiciadas pela era digital; uma sociedade que diz ser obsoleto o que fora adquirido há poucos meses, e que não vê beleza em rugas, cabelos brancos ou corpos não torneados.

Por este viés podemos entender que a autoestima e autoimagem que levaram décadas para ser construídas, em questão de um lapso de tempo muito menor, podem ser ruídas ou perdidas — para muitos, infelizmente, para sempre.

Mantendo a autoestima e autoimagem

Manter uma consideração positiva, uma relação satisfatória consigo mesmo, não é tarefa fácil numa sociedade assim (des)organizada. O tempo todo o outro funciona como nosso espelho, desde que nascemos, e à medida que envelhecemos, o espelho, tal qual o Espelho Mágico da madrasta da Branca de Neve, nos mostra quem de fato somos, e como estamos. E este espelho social não permite ou não tolera o "feio" em nós.

Existe, portanto, um velado processo de negação da velhice. É o que observamos quando percebemos a maneira pela qual alguns projetos ou ações sociais, educacionais, de orientação psicológica e da saúde destinados à população de mais idade utilizam de eufemismos para lidar com o velho. Desde simples e ingênuas palavras como "feliz idade", "melhor idade", até ações mais contundentes no intuito de devolver juventude a quem, de fato, por ela já passou (PRADO; SAYD, 2003)[2]. De fato, o que não se considera aqui, é que, o indivíduo na meia-idade e na velhice é reflexo de como viveu, não há de se falar então em uma volta ao tempo passado, pois este se presentifica na maneira pela qual conduzimos nossas realizações, medos, vitórias, ansiedades, conquistas, dores.

Esta *juventilização crônica* da qual padecemos todos nega, em uma análise mais profunda, a própria juventude, ao querer voltar a um período que, de fato, está no sujeito, mas com outra aparência. Esta insistência em retribuir-lhes os anos perdidos é um ato paradoxal e desesperado, pois a tentativa de trazer do eterno retorno a juventude "exilada" na meia-idade é negar-lhe que ela esteja presente na experiência de vida.

E a aposentadoria ainda na meia-idade é um forte indicador de que esta idade tão negada e temida pelos seres humanos se aproxima, ainda que não estejamos na velhice propriamente dita. A aposentadoria deveria ser a coroação de uma vida dedicada ao trabalho, o merecido repouso do guerreiro, mas, de fato, o que vemos é o oposto; abalando a estrutura psíquica do sujeito, pois, de um momento a outro, este se percebe sem o rótulo do adulto produtivo: aquele que trabalha, produz e consome — aquele que faz parte da população economicamente ativa.

Por época da aposentadoria, o que se vive é o avesso; além de não ser mais esse sujeito produtivo, o momento é delicado quanto aos aspectos físico e emocional: faz uso mais constante de atendimentos na área de saúde e medicamentos, há um acentuado declínio das potencialidades físicas, e em muitos casos a família passa por mudanças estruturais, com filhos saindo de casa, casando-se ou, por vezes, o próprio casal se separando, vivendo outro casamento, ou mesmo enviuvando.

São situações que por si são agentes de profundas mudanças na ordem do cotidiano, e a aposentadoria é mais uma realidade que afeta este período. Deixar de sentir-se atraente, jovem e disposto, ter toda uma sociedade que enaltece o jovem e o belo, e ainda por cima ter de enfrentar a situação do afastamento compulsório do trabalho, é uma mudança em grau para o adulto. Por estes e outros fatores isolados ou em conjunto, podemos afirmar que o tempo da aposentadoria é um momento estressante, de mudança de identidade, de paradigmas, via de regra acompanhada por uma mudança de percepção de si mesmo, traduzidos pela autoimagem e autoestima que nem sempre, necessariamente, é satisfatória para todos.

Para o indivíduo que se mantém em atividade física, cognitiva, aceitando os desafios e as limitações que o tempo impõe a todas as outras etapas da existência, mas também conseguindo vislumbrar uma maior liberdade de

---

(2) PRADO, Shirley Donizete; SAYD, Jane Dutra. Saúde, trabalho e envelhecimento no Brasil. *Cad. Saúde Pública.* Rio de Janeiro, 19(3):759-771, mai./jun. 2003.

realização e de ação antes difícil ou mesmo negada, para este sujeito, a aposentadoria deverá ser um marco importante como quaisquer outros, mas não necessariamente forte o bastante para desmotivá-lo ou derrubá-lo emocionalmente. O pior é para aquele indivíduo que construiu toda sua existência em função do trabalho, que serviu de pano de fundo para sustentar o discurso deste sujeito, personificando-o e representando-o como um ser que existe. Se esta pessoa não conseguiu estabelecer outras prioridades na ordem de valores, deixando-se apanhar na rede dos discursos produzidos por si, e pelos outros, como alguém que só existe em função do que faz profissionalmente, esta pessoa enfrentará sérios problemas emocionais, podendo inclusive viver uma realidade cindida, dividida entre o sujeito de fato que é e aquele que pensa somente existir em função de algo que o represente, no caso, o trabalho.

Não é diferente, analogicamente falando, das situações de milhares de mulheres que se deprimem e enfrentam duras provações com a saída dos filhos e o esfriamento da relação com o parceiro, nesta mesma idade, situação esta alcunhada de "síndrome do ninho vazio", em função de ter se dedicado e construído sua identidade apenas em função de filhos e família, e quando estes não estão mais na ordem que costumava ser, esta precisa reencontrar o elo perdido, o caminho de volta para si mesma, e isso costuma ser extremamente doloroso em função dos pedaços de si mesma que negligenciou e deixou "para trás" para acolher e solucionar o problema de todos, menos os seus.

Com a aposentadoria, para quem se ressignificou em termos de personalidade e identidade, como trabalhador e produtivo apenas, o fenômeno é parecido, pois há de se encontrar um meio-termo para que o sujeito possa se referenciar perante si mesmo e seu entorno social. Em casos extremos, poderá levar o sujeito à necessidade de uma intervenção psicológica, caso não encontre outras alternativas viáveis e possíveis para si mesmo.

Entretanto, de maneira menos dramática que as apontadas anteriormente, a aposentadoria é para as pessoas comuns um marco existencial, como são a menarca, o casamento, a gravidez, o nascimento do primeiro filho, a menopausa, o luto e a viuvez.

Por que então mereceria nosso interesse, uma vez que passamos pelas demais situações de crise e continuamos a viver? Exatamente pelo motivo pelo qual inicio este debate: por ser o trabalho a própria identidade do adulto. O trabalho o representa, ele vive pelo e para o trabalho; ele é que lhe sustenta material e psiquicamente. O jargão defende que o trabalho dignifica o homem, é a mola mestra da sociedade organizada e produtiva. De uma hora para outra, perder este referencial é desconstruir esta identidade. Leva-se tempo para assimilar as mudanças de ordem fisiológica que a natureza nos impõe: puberdade, menarca, gravidez, andropausa, menopausa. Mas há tempo para assimilá-las e organizar-se em função destas. Não há como fugir ao ciclo biológico do tempo.

A aposentadoria entra numa outra ordem discursiva, pois, não sendo da ordem biológica, o é das relações sociais e da vivência afetiva e emocional das pessoas, embora possa afetar também a saúde biológica. Poucos são aqueles que se preparam para este momento, e menos ainda são as organizações e empresas que preparam seus colaboradores para este momento de desligamento de função.

Levamos a vida inteira para construir nossas "pontes" existenciais, pontes que nos permitirão existir, nos adaptar às exigências do meio social, a construir relacionamentos duráveis, pontes que nos amparam e nos levam de um lugar a outro. E o trabalho é importante ponte que estabelecemos conosco; amplia nossos horizontes sociais, possibilitando trocas, organiza nossos valores, impõe-nos regras, direciona o dia-a-dia de milhões de seres humanos que se reorientam, geograficamente falando, em função de seus trabalhos, ora mudando de cidades e países, ora criando estratégias de deslocamento no espaço urbano para conciliar vida produtiva, estudo e família. E com a aposentadoria, todas estas pontes necessárias para a vida do adulto deixam de sê-las. Não há mais a necessidade de concessões ou renúncias, ou mudanças ou adiamento de planos, porque o que se tinha de atingir já se conseguiu. A aposentadoria é, em última análise, o corolário de muitos ajustes prévios necessários, para que a vida desse certo e lograsse; sua realidade é a prova disso.

Considerações finais

É tarefa hercúlea manter autoestima e autoimagem diante da crua realidade de que estamos num mundo de jovens valores.

Vimos que a autoestima e a autoimagem são construções que se iniciam ainda na primeira infância, e que são indelevelmente marcadas, dependentes e, de certa forma, organizadas pelo desenvolvimento da linguagem e do cognitivo. É um avanço que se dá no intuito do caminho para a autonomia, que se conquista gradativamente.

Gostar de si mesmo, construir uma boa imagem de si, relacionar-se bem com suas potencialidades, mas também ser indulgente com suas próprias limitações, não é algo que seja apenas o reflexo de uma circunstância ou de um momento da vida. É o reflexo desta construção longitudinal, é a resultante de uma série de forças atuando conjuntamente: a educação recebida, os valores construídos, o próprio temperamento interagindo com a personalidade, o caráter do outro que marca a subjetividade em construção; enfim, aspectos que mostram a codependência emocional e o papel que dispõe a rede social na formação dos sujeitos. A autoimagem parece se ligar não somente ao corpo físico que temos, à nossa aparência, mas também à maneira pela qual somos vistos pelos demais. A autoimagem tem a ver com a aceitação das mudanças que ocorrem no decorrer do tempo. Mudanças significativas que encontram seus primeiros marcos no próprio corpo físico, mas não somente neste. São mudanças na hierarquia familiar, social, e no próprio trabalho, quando este nos "dispensa", aumentando o contingente daqueles que se retiraram para a aposentadoria.

Que imagem então resta, quando tudo aquilo pelo qual se batalhou uma vida, todos aqueles ajustes já comentados anteriormente, não são mais necessários? Há de se encontrar uma força, uma motivação poderosa para que o fundamento desta autoimagem não entre em colapso. Há de se alegrar pelo que fora construído, pelas renúncias pessoais feitas em nome de um objetivo maior, seja dar o conforto à família, seja o de planejar com tranquilidade a mudança de cidade, de estado, de emprego, tudo para continuar a crescer e a enfrentar os desafios que parecem ser a mola propulsora da humanidade. Ao confundir autoimagem com a imagem física que vejo refletida no espelho, é como se confundisse uma casa com um lar. A estrutura física material não necessariamente cria condições para que um lar se realize, afetivamente falando. Analogamente, a imagem escópica que temos de nós modifica-se a cada ano, e oferece os indícios das mudanças físicas, sociais e emocionais que o tempo nos trouxe, mas não é a única responsável pela imagem mental que temos de nós mesmos. Isto é verificável quando, a despeito dos corpos e rostos já sulcados e encanecidos pelo tempo, ouvimos muitos indivíduos dizer se sentir jovens, alertas e despertos, e que nem perceberam o tempo passar — até que alguém lhes comente o fato (ou até que apareça um espelho).

A autoimagem, por ocasião da aposentadoria, não deve ser, portanto, o que se vê refletido no espelho externo — este sempre acusará a passagem inexorável do tempo. A autoimagem do aposentado deve ser aquela da missão cumprida, do dever realizado, do sentimento de ter contribuído, de alguma maneira, para o bem de alguém, seja da própria família, da coletividade, da nação, mas primeiramente de si mesmo. Se o aposentado assim for visto, manterá a autoestima em considerável patamar, onde a ação do tempo não a carcomerá, porque terá valido a pena tudo o que plantou, tudo o que construiu, as muitas alegrias vivenciadas, também as muitas lágrimas vertidas e decepções, afinal os dois pólos fazem parte de nossas naturezas, não somos imunes a ambos.

Acredito que deveríamos ter mais espaço nas escolas, universidades, em ações sociais e comunitárias, oportunidades preciosas para falarmos daquilo que será um dia, o vivido em nós, pelo menos para aqueles que alcançarem esta idade; ainda que façamos a opção de continuarmos trabalhando. Também as organizações, empresas e instituições deveriam preparar melhor seus colaboradores, funcionários, agentes e usuários para esta realidade, evitando assim muitos problemas na esfera da saúde física e emocional, e ainda muitos problemas psicossomáticos.

Encontrar formas que valorizem a história pregressa e as importantes lições e experiências que os indivíduos têm e com as quais podem contribuir para os que ainda não vivem esta realidade é imprescindível. Igualmente fundamental é ouvir a voz da experiência, é creditar a estes o mérito de terem vivido, errado e acertado. É colocar-lhes na posição devida de quem viu mais, porque chegou primeiro. Para isto é preciso romper o cordão de isolamento que existe entre as gerações: uma, porque não tem paciência para entender ou explicar a quem nunca viu aquilo que eles hoje já nascem sabendo; e outra, por manterem um discurso saudosista e ressentido contra o tempo que os "abandonou", insistindo em continuar, quando seus corações e emoções ainda persistem nos "velhos tempos de outrora". Aproximar a potencialidade e a curiosidade da juventude com a experiência acumulada daqueles que viveram outro tempo, mas construíram estratégias de conhecimento e de sobrevivência, é uma alternativa em que todos ganham: o experiente, que se sentirá valorizado, e o neófito, que se sentirá amparado. Ganham também a autoimagem e a autoestima do aposentado, que verá, no aprendiz ou no pupilo sob seus conselhos, a extensão de seu saber, ainda que em braços e cérebros alheios.

Tanto as empresas e organizações, quanto as universidades — estas últimas os lugares por excelência que produzem o conhecimento — devem viabilizar ações que valorizem o saber daquele que já está aposentado, articulando uma rede de conhecimento para que estes se perpetuem, transmitindo o que sabem, o que viram, as estratégias que combinaram para vencer, a seu modo e em seu tempo, os muitos desafios. É uma maneira, inclusive, de prepará-los para o desligamento "oficial" do trabalho, mas convidando-os a se sentirem parte de um outro processo que dá continuidade ao que fizeram desde que inseridos no mercado de trabalho.

Também se deve incentivá-los a retomarem projetos adiados ou inacabados, justamente porque agora, com justiça, devem tomar este tempo para si mesmos, realizando criativa e prazerosamente o ócio a que têm direito. Aquele passeio, aquela viajem, um curso de idiomas, um gasto supérfluo que antes poderia comprometer a mensalidade escolar das crianças, hoje, saldados os compromissos familiares, lhes é lícito. Tudo o que fora sonhado e não possível anteriormente, por falta de tempo ou pelos compromissos assumidos, deve ser incentivado, ainda que se tenha de fazer ajustes ou algumas concessões.

O aposentado deverá entender que tem o direito a esta nova etapa de vida, quando poderá contribuir muito com aqueles que ainda não sabem tanto, porque não chegaram onde ele já ultrapassou; mas que também agora está livre para realizar projetos pessoais infinitamente adiados no passado. A participação em todo e qualquer tipo de atividade social e educacional deve ser incentivada, para ampliar e fortalecer a rede de contatos sociais. Toda orientação a respeito de saúde, nutrição, sexualidade, direitos, política, deve ser buscada e ofertada. A atividade cognitiva e social e a responsabilização por alguma tarefa são de fundamental importância para manter incólume a autoestima e uma autoimagem positivas.

Por fim, o aposentado, para manter-se em sintonia consigo mesmo e não sucumbir aos ditames de uma sociedade hebecêntrica, deverá engajar-se pessoal e socialmente em atividades que valorizem seu saber e prática, na qual possa continuar a exercer tarefas úteis ou de conhecimento, buscando o lazer saudável, orientando-se para novos desafios que enfrentará adiante, mantendo-se, enfim, alerta, para não fazer do sofá a extensão de seu corpo.

PROGRAMAS DE PREPARAÇÃO PARA A APOSENTADORIA — PPAs: RESPONSABILIDADE SOCIAL DAS ORGANIZAÇÕES

Francisco Sobreira Netto[*]

1. *Introdução*

A aposentadoria consiste numa ruptura abrupta entre um período de tempo totalmente voltado e organizado para o trabalho e um período de tempo livre, que pode resultar numa verdadeira desorientação temporal. Esta transição exige um condicionamento mental e social que a maioria da população trabalhadora não possui, pois a cessação da atividade profissional tem como consequência a sua exclusão do mundo produtivo.[1]

Acompanhada do envelhecimento natural do ser humano, a aposentadoria é um marco de alteração na dinâmica familiar e social do indivíduo, trazendo como consequência a mudança dos hábitos de quem se aposenta e daqueles que com ele convivem, sendo então uma etapa da vida que necessita de preparação.

Baseada nesta constatação, as organizações sentiram a necessidade de promover programas de preparação para a aposentadoria — PPA para seus funcionários, como uma etapa de transição de um período intenso de trabalho para outro mais tranquilo, em que a qualidade de vida e a valorização do ser humano não sofram perdas. No PPA, a empresa deve desenvolver atividades contínuas de aconselhamento e preparação para a aposentadoria dos membros de sua força de trabalho, abrangendo diversos fatores, tais como físicos, psicológicos, sociais, administrativos, dentre outros.

Por outro lado, a prática da responsabilidade social revela-se nas organizações como um imperativo contemporâneo. Visa à criação de um ambiente de trabalho saudável e condizente com a realização pessoal e profissional dos seus funcionários. A partir daí, a organização aumenta sua capacidade de

---

(*) Engenheiro, Doutor em Administração pela FEA-USP e Professor da UNIFRAN e Uni-FACEF.
(1) *Emiliano* (2005).

atrair e desenvolver talentos, fator-chave para seu sucesso numa época em que criatividade e inteligência são recursos cada vez mais disputados.

A responsabilidade social revela-se ainda mediante sua participação em programas sociais voltados para o futuro da comunidade e da sociedade. O investimento em processos produtivos que levam em consideração a conservação ambiental e a preocupação com o uso racional dos recursos naturais também têm importante valor simbólico, por serem de interesse da empresa e da sociedade. Com iniciativas desse tipo, a empresa deixa transparente sua crença no preceito de que só uma sociedade saudável pode gerar empresas saudáveis.(2)

O presente trabalho se constituiu numa pesquisa exploratória qualitativa, de natureza bibliográfica, com a aplicação do método da análise de conteúdo. Os principais objetivos da pesquisa exploratória(3) visam a: aumentar o entendimento do problema gerencial; saber como outras pessoas resolveram problemas similares ao seu; identificar informações que possam ser usadas como questões investigativas; e identificar fontes reais que possam ser usadas como parâmetros de comparação.

A análise de conteúdo(4) se constitui num conjunto de técnicas de análise de comunicações, que utiliza procedimentos sistemáticos e objetivos de descrição do conteúdo das mensagens. O objetivo principal não está na descrição dos conteúdos e sim no que se pode abstrair deles após serem trabalhados ou comparados entre si. Este tipo de análise objetiva também dar forma conveniente e representar de outro modo esta informação, com o uso de procedimentos de transformação.

Assim sendo, pretende-se confrontar os principais conceitos teóricos que envolvem: a continuidade de trabalho de aposentados e funcionários prestes a se aposentar nos dias de hoje; um breve histórico dos programas de preparação para a aposentadoria nas empresas, suas principais características, objetivos e implicações para as empresas que os adotam e a responsabilidade social nas empresas e sua ligação com os PPAs no contexto brasileiro.

2. *Aspectos contemporâneos relacionados à continuidade do trabalho*

A continuidade do trabalho, tanto para pessoas que já se aposentaram quanto para aquelas que estão prestes a fazê-lo, é discutida há tempos. Em termos globais, aconteceram em Viena-1982 e em Madri-2002 assembleias mundiais sobre o envelhecimento da população, promovidas pela Organiza-

(2) Instituto *Ethos* (2007) — Organização Não Governamental criada com a missão de mobilizar, sensibilizar e ajudar as empresas a gerir seus negócios de forma socialmente responsável.

(3) *Cooper* e *Schindler* (2003, p. 222).

(4) *Bardin* (1995, p. 45).

ção das Nações Unidas — ONU, em que se discutiram as mais diversas formas de os aposentados participarem ativamente da vida comunitária das nações, trazendo com isso benefícios à sociedade como um todo.

Conforme citação em ONU (2002), na *First World Assembly on Ageing — Vienna/1982*, foi traçado o "Plano de Ação Internacional de Viena para o Envelhecimento", cujas recomendações para ações governamentais e empresariais sobre o assunto foram:

A) Governamentais

- governo, sindicatos de empresários e de trabalhadores devem promover ações para que as pessoas permaneçam empregadas o maior tempo possível;
- as condições de trabalho e a política de seguridade social devem melhorar num crescente;
- todo tipo de discriminação encontrado no mercado de trabalho deve ser eliminado, no que tange especificamente à continuidade das atividades profissionais para os aposentados;
- deve ser garantido aos trabalhadores o direito à participação em iniciativas de capacitação profissional e recolocação no mercado de trabalho.

B) Empresariais

- as organizações privadas devem proporcionar condições próprias para o trabalho nos aspectos estruturais (fornecimento de equipamentos, reorganização de tarefas, ergonomia no ambiente físico, etc.) e nos aspectos psicológicos (satisfação e motivação no trabalho, valorização do ser humano, medicina do trabalho e previdência específicos para empregados idosos, etc.).

Já no relatório da ONU (2002, p. 12-13), intitulado *Report of the Second World Assembly on Ageing — Madrid/2002*, sobre a questão do emprego e do envelhecimento da força de trabalho, foram destacadas as seguintes questões:

- os idosos devem ter a possibilidade de continuar realizando tarefas remuneradas enquanto desejam e fazê-las produtivamente, apesar do desemprego, subemprego e da rigidez do mercado de trabalho, que restringem as oportunidades dos trabalhadores idosos e privam a sociedade de seu valor e conhecimento;
- nos países em desenvolvimento e nos países com economias em transição, a maioria das pessoas que hoje são idosas e seguem trabalhando

se encontra na economia informal, fato este que as priva dos benefícios das condições de trabalho apropriadas e da proteção social daquelas pessoas que estão formalmente registradas;

• é indispensável adotar políticas para ampliar as possibilidades de emprego para os idosos. Nos países desenvolvidos e nos países com economias em transição, a expectativa de vida da população aumenta cada vez mais, a taxa de natalidade diminui continuamente, havendo uma escassez de mão-de-obra como consequência da diminuição do número de pessoas jovens que ingressam no mercado de trabalho;

• é indispensável adotar políticas a fim de se criar novas modalidades de trabalho baseadas na flexibilidade do período de jubilamento,[5] na adaptação e reabilitação profissional dos idosos com algum tipo de incapacidade, de forma que estas pessoas possam combinar o exercício do emprego remunerado com outros tipos de atividades;

• os fatores que afetam as mulheres idosas no mercado de trabalho merecem uma especial atenção. São eles: salários mais baixos, falta de desenvolvimento profissional por conta das interrupções das atividades de trabalho (ex.: licença médica para tratamento de filhos ou parentes, gravidez, entre outras obrigações relacionadas à família), mulher esteio e sustento da família, dupla jornada de trabalho (casa e empresa);

• em todas as ocupações laborais, deve-se buscar a diversidade de idades e o equilíbrio entre pessoas de ambos os sexos;

• há de se considerar que o emprego continuado para os trabalhadores idosos não reduz necessariamente as oportunidades de trabalho para os jovens. A presença dos trabalhadores mais experientes traz uma contribuição constante e valiosa para a melhoria das atividades e da produção econômica mundial, bem como na capacitação dos empregados mais jovens e mais novos na função;

• os empresários, as organizações, os sindicatos de trabalhadores e os responsáveis pelas áreas de recursos humanos deveriam prestar mais atenção às novas práticas de trabalho, tanto nacionais quanto internacionais, que venham a facilitar a retenção e a participação produtiva dos trabalhadores idosos na força de trabalho.

A fim de garantir oportunidades de emprego a todos os idosos que desejam continuar a trabalhar, foram propostas na Assembleia Internacional de Madri, 2002 (ONU, 2002, p. 13-14), a adoção das seguintes medidas:

---

(5) Jubilamento: no sentido psicojurídico, segundo *Both* e *Carlos* (2005, p. 30), significa interdito da vida do trabalho, sob a ótica positiva de alcance de uma glória, ou o ganho de uma recompensa ou de um prêmio.

- fazer com que o crescimento do emprego ocupe um lugar central nas políticas macroeconômicas, por exemplo, assegurando que as políticas do mercado de trabalho tenham como objetivo fomentar elevadas taxas de crescimento da produção e de emprego em benefício das pessoas de todas as idades;

- permitir que os idosos continuem trabalhando enquanto desejam e podem fazê-lo;

- adotar medidas para aumentar a participação na força de trabalho de toda população na idade de trabalhar e reduzir o perigo de exclusão ou de dependência numa etapa posterior da vida, como, por exemplo, aumento da participação das mulheres idosas, capacitação contínua para o emprego, acesso a novas tecnologias, reintegração no mercado de trabalho de desempregados e pessoas com deficiência;

- realizar esforços especiais para incrementar a taxa de participação das mulheres e grupos em situação desvantajosa, tais como as pessoas desempregadas há tempos e as pessoas com deficiências, reduzindo com isso o risco de sua exclusão ou dependência em uma etapa posterior da vida;

- promover iniciativas de emprego independente para os idosos, por exemplo, incentivando o desenvolvimento de micro e pequenas empresas, garantindo o acesso de idosos ao crédito, sem discriminações;

- ajudar os idosos que já estejam realizando atividades no setor formal a melhorar seus ingressos, sua produtividade e suas condições de trabalho;

- eliminar os obstáculos por razões da idade no mercado formal de trabalho, fomentando a contratação de idosos e impedindo que os trabalhadores que estejam envelhecendo comecem a experimentar desvantagens em matéria de emprego;

- promover um novo enfoque sobre o jubilamento que leve em conta as necessidades do empregado assim como as do empregador. Medidas tais como reduzir os incentivos e as pressões para o jubilamento antecipado e eliminar os incentivos para trabalhar depois da idade de jubilamento;

- reconhecer e considerar as obrigações que possuem um número cada vez maior de trabalhadores para atender a pessoas idosas da família, e as pessoas com deficiências ou que padecem de enfermidades crônicas (incluindo o HIV/AIDS);

- eliminar os obstáculos ao trabalho depois da idade de jubilamento, por exemplo, protegendo os direitos adquiridos às pensões, os direitos aos auxílios para deficientes e os benefícios para a saúde, que não devem ser afetados pela postergação da idade de jubilamento;

- promover novas formas de trabalho e práticas inovadoras nos locais de trabalho, entre outras, estabelecendo programas de assistência aos empregados;
- dar suporte aos trabalhadores para que tomem decisões fundamentadas sobre os efeitos de qualquer natureza (financeiros, físicos, psicológicos, sociais) que podem acontecer caso sua participação na força de trabalho seja prorrogada;
- promover uma imagem realista dos conhecimentos e capacidades dos trabalhadores idosos corrigindo estereótipos nocivos a eles ou a candidatos a certos empregos;
- levar em conta os interesses dos trabalhadores idosos quando os encarregados pela formulação de políticas ou tomada de decisões promovam a fusão de empresas, de forma que estas pessoas não sejam vítimas de desvantagens, de redução de salários ou da eliminação de vagas de emprego em maior proporção que seus pares mais jovens.

Segundo o documento OIT (1992), elaborado por ocasião da "Oficina Internacional do Trabalho — A OIT e as pessoas de idade avançada", os Estados-membros da organização deveriam adotar medidas para facilitar a continuidade do trabalho para as pessoas na situação de pré e pós-aposentadoria. O principal objetivo destas medidas seria assegurar a continuidade dos empregos em condições satisfatórias, bem como proporcionar uma transição da vida produtiva com vínculo formal de trabalho para uma vida para outra com ou sem registro formal.

Para alcançar este objetivo, duas recomendações foram elencadas:

- **condições de trabalho**: as organizações que possuírem idosos na sua força de trabalho devem respeitar suas limitações físicas e psicológicas, acolhendo seu ritmo de trabalho e suas principais necessidades. Deve-se evitar situações em que a velocidade das tarefas, a busca por resultados, a forma de remuneração e o ambiente antiergonômico sejam nocivos à saúde e integridade dos trabalhadores idosos. Sugere-se, ainda, que os trabalhadores possam usar seus conhecimentos e experiência em prol do desenvolvimento das empresas empregadoras e na busca de sua valorização profissional;
- **preparação para a aposentadoria**: deve ser incentivada no âmbito das empresas públicas e privadas, de maneira flexível, ações em que se permita ao empregado prestes a se aposentar fazer uma transição paulatina entre sua vida laboral e sua vida pós-aposentadoria. Incluem-se nestas ações o desenvolvimento de novas atividades junto às comunidades em que vivem, ligadas à prestação de informações, educação, cultura, lazer, esportes, trabalhos manuais e filantropia, entre outros.

De acordo com *Wieczynski* (2003, p. 132), pensar em projetos pós-aposentadoria implica em trabalhar a ocupação humana a partir de dois elementos básicos:

- **o autodesenvolvimento pessoal e profissional,** com o crescimento de valores como a ética, o respeito à vida e a solidariedade nas relações sociais;

- **a emancipação do homem diante das organizações produtivas**, priorizando a liberdade de escolha de atividades que lhes proporcionem satisfação e prazer no dia-a-dia profissional. Sem emancipação não há criatividade. E sem inovação não há desenvolvimento e a consequente melhoria da qualidade de vida das pessoas.

Moragas (1991) propõe às organizações algumas atividades ocupacionais que podem ser incorporadas como de ocupação pós-aposentadoria, que serviriam como parâmetros aos trabalhos de preparação para a aposentadoria das empresas, classificadas como de desenvolvimento:

- **psíquico**: com objetivo na autorrealização e na criatividade — ex.: artes manuais, pintura, escultura, desenho, fotografia, restauração de obras de arte;

- **social**: com objetivo nas relações em grupo — ex.: participação em associações, clubes, centros recreativos, grupos de intercâmbios, grupos religiosos, grupos familiares;

- **recreativo**: com objetivo de lazer e descanso — ex.: cinema, música, teatro, dança, jogos, viagens, grupos de excursões;

- **físico**: com objetivo de manter a forma física — ex.: ginástica, natação, caminhadas, futebol, basquetebol, voleibol, atividades físicas em geral;

- **educacional e cultural**: com objetivo no desenvolvimento intelectual e social — ex.: participação em cursos, seminários, conferências, pesquisas acadêmicas, grupos de estudo, universidades da Terceira Idade;

- **do meio ambiente**: com objetivo no contato e preservação da natureza — ex.: cursos, palestras, trabalhos de jardinagem, hortas, pomares, cultivo de flores, combate à poluição;

- **ideológico-político**: com objetivo na manutenção e no desenvolvimento do bem comum — ex.: participação política em geral, assessoria, ações de cidadania e respeito aos direitos dos indivíduos, fiscalização de órgãos públicos e ações de governo;

- **social e comunitário**: com objetivo na colaboração de todos em prol da comunidade — ex.: participação em organizações sociais públicas ou privadas, organizações sem fins lucrativos, trabalhos voluntários, gestão de projetos sociais.

3. *Programas de Preparação para a Aposentadoria — Breve histórico*

A preparação adequada da força de trabalho das organizações para o seu afastamento do ambiente profissional por ocasião da aposentadoria é uma função social que vem despertando interesse de muitas instituições públicas e privadas no Brasil e no mundo. Segundo *Andujar* (2006, p. 67), os primeiros registros sobre os programas de preparação para a aposentadoria — PPA datam da década de 1950, nos Estados Unidos. Estes trabalhos tinham como foco principal a prestação de informações sobre o sistema de aposentadorias e pensões. Posteriormente, com o desenvolvimento das relações trabalhistas e o crescimento das empresas, foram agregados novos conteúdos aos PPA, de maneira a atender novas demandas e aspectos que envolvem o desligamento do trabalho habitual.

Com iniciativas experimentais e incipientes no final dos anos 70 e início da década de 80, os programas de preparação para aposentadoria no Brasil sofreram um refreamento nos anos 90 e uma retomada posterior nos primeiros anos do novo milênio. Para a Associação Brasileira das Entidades Fechadas de Previdência Complementar — Abrapp (2004, p. 41), os trabalhadores da década de 70, diante de um cenário político hostil, por conta da ditadura militar de época imposta ao País, e pelo ambiente de forte tensão entre empresários e sindicatos de trabalhadores, recebiam com desconfiança estes programas, considerando-os como de objetivos "expulsórios".

De acordo com a Abrapp (2004, p. 42), aproximadamente 80 instituições do País chegaram a desenvolver algum tipo de trabalho com os funcionários que se encontravam perto da aposentadoria. Contudo, no início dos anos 90, este processo de preparação sofreu um baque por conta da instabilidade econômica vigente no Brasil, pelo volume significativo de programas de privatizações, de demissões voluntárias e de incentivo às aposentadorias, com o firme propósito de enxugar o contingente de trabalhadores nas empresas e viabilizar estas ações.

Segundo *Wieczynski* (2003, p. 91), até 1994 não existia uma política social para a velhice no Brasil. Para a autora, o que existia até então era um conjunto de iniciativas privadas antigas, que surgiram nos anos 70 para atender idosos carentes. Para *Rodrigues* (2000b, p. 68), era mais uma ação assistencial em favor dos idosos do que uma política que lhes proporcionasse serviços e ações preventivas e reabilitadoras. Somente com a Constituição de 1988 é que estas ações foram transformadas em Direito, surgindo em decorrência a Lei Orgânica da Assistência Social — LOAS — Lei n. 8.742, de 1993, e a Política Nacional do Idoso — PNI — Lei n. 8.842, de 1994.

Os efeitos da falta de uma preparação adequada dos funcionários para a aposentadoria traduzem-se em brusca redução da qualidade de vida do trabalhador que ingressa na inatividade, podendo culminar em doenças e até mesmo em morte (ABRAPP, 2003, p. 37).

O assunto é tão significativo que o art. 28 do Estatuto do Idoso no País, aprovado pela Lei n. 10.741, de 2003, prevê a criação e o estímulo de programas de "profissionalização especializada para os idosos, aproveitando seus potenciais e habilidades para atividades regulares e remuneradas". Reza ainda a letra legal que esta preparação deve ser feita com "antecedência mínima de um ano, por meio de estímulo a novos projetos sociais, conforme seus interesses, e de esclarecimento sobre os direitos sociais e de cidadania". Por fim, prega o "estímulo às empresas privadas para admissão de idosos ao trabalho".

Para *Fraiman* (2008), a partir de 2003 já pode ser identificado no Brasil um movimento consolidado e crescente de empresas de grande porte rumo à educação e à capacitação de seus trabalhadores na preparação para a aposentadoria.

4. Os PPA — Principais características

De acordo com *Rodrigues* (2000a, p. 28), como instituição social, a aposentadoria normalmente traz ideias contraditórias: se na fase ativa de trabalho ela promove a ideia de tempo de liberdade, de realizações e de desobrigações, na fase pós-interrupção de suas atividades rotineiras, o trabalhador é tomado pela nostalgia, pela saudade, pelo enfado.

Para *Graeff* (2002), é contraditório também em relação ao tipo de trabalho desenvolvido: se algo penoso, repetitivo, a aposentadoria pode significar uma libertação do sofrimento, da contrariedade; em contrapartida, se deveras gratificante e enriquecedor, a cessação da atividade aparece como um problema e há o desejo de se ter uma opção quanto à época e à idade para se aposentar.

Segundo *Debetir* e *Monteiro* (1999), os programas de preparação para a aposentadoria precisam desenvolver um trabalho interdisciplinar, de caráter biológico-psicológico-social, de forma que os empregados possam construir uma concepção de aposentadoria mais positiva e próxima da realidade.

No entender de *Victorelli* (2007), um PPA deve contribuir para que as pessoas:

- construam o seu próprio projeto de vida;
- reflitam e discutam sobre as maneiras de usar o tempo livre após o desligamento;
- se informem sobre as regras e leis que regem o sistema previdenciário;
- melhorem sua qualidade de vida e participem de atividades ligadas à saúde, ao lazer e à interação social.

França (2000) afirma que o PPA deve se basear numa ampla discussão e avaliação dos fatos, dos riscos e das expectativas que os empregados prestes a se aposentar queiram alcançar no futuro. Portanto, a preparação deve ser concebida como um processo educativo, continuado e interligado a um planejamento de vida. Para a autora, a empresa, os indivíduos e suas diversidades, e a sociedade em que estão inseridos, devem constituir o ambiente de um PPA. Para o bom andamento do programa, a empresa necessita possuir forte intenção política de viabilizá-lo, por meio de ações, tais como:

- a concessão de recursos humanos e materiais;
- a realização de pesquisas preliminares para se detectar as principais necessidades do público-alvo;
- a formação de uma equipe multidisciplinar de profissionais para coordenar e implantar o programa;
- a participação de aposentados que desenvolveram experiências positivas pós-aposentadoria;
- a participação de familiares próximos no processo de transição do empregado que se encontra prestes a se desligar.

De acordo com *Alves apud* Abrapp (2003, p. 38), os motivos para o alto índice de óbitos pós-aposentadoria, nos dois a três anos posteriores ao seu desligamento, vão desde a perda de identidade, já que parte dela esteve por anos ligada ao nome ou à cultura organizacional da empresa, bem como à falta de convívio social, à sensação de inutilidade e à falta de perspectiva de vida futura. Segundo a autora, as empresas podem preparar o funcionário para o desligamento por meio de palestras ministradas por profissionais de diversas áreas, bem como de aposentados relatando suas experiências pós-aposentadoria. Podem ainda incentivar o trabalho voluntário entre os empregados ou outras alternativas para a sua vida futura, sem esquecer dos aspectos sociais, financeiros e emocionais.

Outro ponto a se destacar é que, na preparação para a aposentadoria do empregado, as empresas devem incluir no programa membros de sua família, uma vez que os problemas que porventura surgirem acontecerão dentro de casa. A ausência deste tipo de preparação pode trazer reflexos também nos empregados mais jovens, como o desinteresse e a desmotivação, uma vez que, mesmo inconscientemente, estes se mostram atentos ao tratamento dispensado a quem está prestes a se desligar.

Além das percepções acima, *Shibuya apud* Abrapp (2003, p. 39) alerta para o fato de as empresas cobertas por fundos de pensão poderem se deparar com problemas inusitados, uma vez que aposentados entre 40 e 50 anos, que não possuam problemas financeiros, venham a adquirir vícios variados causados pelo ócio improdutivo, como, por exemplo, o das mulheres aposentadas endividando-se em bingos, ou outros tipos de dependência como a do fumo, do alcoolismo ou de drogas lícitas (medicamentos) ou ilícitas.

O desligamento da empresa pode significar uma nova etapa profissional, tanto no exercício de atividades em outro emprego formal, geralmente em uma microempresa ou empresa de pequeno porte, quanto em um trabalho autônomo, na prestação de algum tipo de consultoria ou abrindo seu próprio negócio, incluindo aí o investimento em franquias. Por falta de orientação ou adaptação nesta área, muitos trabalhadores aderiram a planos de demissão voluntária e viram suas reservas para aposentadoria esvaírem-se pelo fracasso de seus novos empreendimentos, seja pela falta de perfil empresarial ou pela falta de conhecimento do novo negócio. Noções sobre as atitudes a serem tomadas após a saída de empresa e sobre a aposentadoria empreendedora ganharam relevância nos PPA, segundo *Andujar* (2006, p. 80-81).

A Abrapp (2003, p. 39-40) recomenda ainda que um PPA aconteça pelo menos três anos antes da data prevista para o desligamento do funcionário. E que a preparação necessariamente inclua a identificação de habilidades e capacidades do futuro aposentado, bem como as principais armas de combate ao estresse e de gerenciamento eficaz do tempo. É preciso que o programa informe ao empregado sobre a necessidade de composição de uma nova rede de relacionamentos, já que na condição de aposentado muitos dos antigos contatos não o atenderão como antes. O documento Abrapp (2006, p. 51) chama este novo círculo de pessoas com que o inativo se relacionará na sua nova condição de *net living* (rede de convivência social), em contraposição ao *net work* (rede de relações no trabalho).

Contudo, as organizações encontram entraves para o estabelecimento e desenvolvimento de políticas de PPA. Além dos conhecidos problemas financeiros, justificados por períodos de instabilidade e estagnação econômica, por constantes enxugamentos de quadros de funcionários, por fusões e incorporações de empresas, pelas implantações de novas tecnologias, entre outras razões, a impossibilidade de se mensurar contabilmente os ganhos com o PPA se mostra como um obstáculo evidente à sensibilização de empresários e da própria sociedade para a sua adoção.

De acordo com *Fraiman apud* Abrapp (2004, p. 42), as empresas que demonstram maior interesse pelos programas são aquelas as quais já possuem equacionadas as questões previdenciárias e assistenciais, mas que acreditam que a educação para a aposentadoria faz parte de suas ações de responsabilidade social.

A autora afirma que com uma boa preparação para o desligamento, agindo de maneira ética e transparente, a empresa consegue manter a lealdade e o comprometimento do funcionário até o seu último dia de trabalho. Ao analisar os resultados de implantação de PPA em diversas empresas, nos últimos 20 anos, *Fraiman* acrescenta que os programas realmente atingem positivamente a autoestima dos funcionários, diminuindo assim conflitos, incrementando a imagem institucional junto ao público interno e a boa visibilidade na comunidade. Com autoestima elevada, a redução de problemas psicológicos da aposentadoria reduz também os efeitos médicos a ele relacionados, como, por exemplo, problemas sexuais e de saúde, depressão, hipertensão e estresse, entre outros, com ganhos para empresas e empregados (ABRAPP, 2007, p. 43-44).

Outro ganho das empresas com uma boa preparação dos PPA está relacionado à gestão do conhecimento. Com o desligamento dos empregados, parte do conhecimento e da experiência adquiridos pelos funcionários ao longo dos anos é perdido. Entretanto, se a transição é bem estruturada, apenas o conhecimento tácito, inerente à pessoa, não é assimilado pela organização. Se o empregado sai satisfeito no momento da sua aposentadoria, ele não encontra razão para não deixar registradas todas as informações necessárias ao bom funcionamento da sua área de atuação, bem como de ensinar aos mais novos a ciência do seu trabalho.

Da mesma maneira, o funcionário que possui projetos com vistas à vida futura e é bem resolvido quanto à formulação de planos para o desenvolvimento de trabalhos pós-aposentadoria, trabalhará sem traumas na formação de seu sucessor e na transmissão do conhecimento que os substitutos possam absorver. Dessa maneira, a empresa não corre o risco de, por exemplo, ver seus profissionais altamente técnicos ou da área de vendas levar embora segredos profissionais pessoais ou a sua carteira de clientes, caso não haja substitutos à altura (ABRAPP, 2006, p. 50).

Um dado interessante que a análise da implantação de PPA nas empresas permitiu identificar diz respeito às dificuldades dos executivos, gestores e profissionais da área administrativa em geral após a aposentadoria. Os operários, técnicos ou especialistas aposentados que desenvolveram habilidades específicas ao longo de suas carreiras são mais facilmente absorvidos pela sociedade, num indicativo de que as habilidades manuais ou especializadas são mais valorizadas do que as intelectuais para os trabalhadores nesta condição de reingresso no mercado de trabalho.

Outra informação curiosa diz respeito à percepção dos homens no que se refere ao seu histórico familiar. *Fraiman apud* Abrapp (2004, p. 43) revela que há 20 anos, ao passar pelos PPA, os homens se preocupavam em melhorar o seu relacionamento com as esposas. Atualmente, os homens aumentaram o seu campo de visão, desejando melhorar sua relação com as esposas e com os filhos.

Fagundes (2008) resume o PPA em três pilares básicos, a serem pensados durante a preparação:

- **psicológico**: o executivo, gerente ou chefe de seção terá de se acostumar com a ideia de que não irá mais comandar um grupo de pessoas, não será mais responsável pela empresa, não terá de se preocupar mais com faturamento e vendas. Deve se preparar psicologicamente para esta nova realidade, em que estas demandas não existirão mais;
- **atividades futuras**: o aposentado deve pensar no seu perfil de trabalho, fazer análise de suas características pessoais, habilidades, preferências, para descobrir o que irá fazer depois. Pode se associar a ONGs, entidades assistenciais, igrejas, entidades filantrópicas, etc.;
- **financeiro**: se este aspecto não estiver bem equacionado, dificilmente o aposentado conseguirá realizar as outras coisas. É fundamental o planejamento financeiro, saber o quanto vai gastar do momento do desligamento para frente e fazer uma análise de expectativa de vida.

Dois conceitos recentes vêm corroborar a importância do desenvolvimento dos PPA nas organizações: o da **aposentadoria ativa** e o do **envelhecimento ativo**. Para a *Fraiman apud* Abrapp (2006, p. 51), a aposentadoria ativa significa "maximizar as oportunidades de êxito profissional e pessoal após o desligamento da empresa". Assim sendo, a aposentadoria pura e simples vem imbuída da sensação de que a vida perdeu o sentido. A aposentadoria ativa destaca o sentido da vida, estimula a pessoa a vencer novos desafios e a nunca ficar parada.

A Organização Mundial da Saúde (OMS, 2005, p. 13) define o envelhecimento ativo como o "processo de otimização das oportunidades de saúde (bem-estar físico, metal e social), participação e segurança, com o objetivo de melhorar a qualidade de vida à medida que as pessoas ficam mais velhas". Para a OMS, o termo ativo se refere à participação contínua nas questões sociais, econômicas, culturais, espirituais e civis, e não somente à capacidade de estar fisicamente apto ou de fazer parte da força de trabalho. E manter autonomia e independência durante o processo de envelhecimento é uma meta fundamental para indivíduos, governos e organizações.

5. Responsabilidade Social — Principais conceitos

O conceito de responsabilidade social — RS vem sendo bastante discutido ao longo dos anos, recebendo definições diversas e muitas vezes contraditórias. De acordo com *Drucker* (1984), a ideia de responsabilidade social dizia respeito às necessidades do proprietário e não às reais demandas da empresa em colaboração com a comunidade circundante.

Para *Pontes* (2003, p. 29), até a década de 60 acreditava-se que a responsabilidade social estava relacionada à ética pública e privada, à responsabilidade dos empresários pelos funcionários, em razão de seu poder e riqueza, e à responsabilidade pela educação e cultura da comunidade. *Friedman* (1982, p. 497) declara, em 1962, a doutrina da RS como subversiva, afirmando que a única responsabilidade social de uma empresa é gerar lucros para os seus acionistas. *Melo Neto* e *Froes* (2001, p. 79) chamam de filantropia o termo usado para denominar as ações prestadas pelos empregadores à comunidade, e não de responsabilidade social. *Tenório* (2004) afirma que responsabilidade social não pode ser confundida também com cidadania empresarial.

Ferrell et al. (2001, p. 7) também procuram diferenciar o conceito de ética e de responsabilidade social, muitas vezes tomados como sinônimos. Para os autores, ética é uma parte da filosofia que procura esclarecer teoricamente o que é certo e o que é errado na conduta humana. Estendendo o conceito para as empresas, ética empresarial é o conjunto de princípios e padrões que orientam o comportamento no mundo dos negócios. Já responsabilidade social é o conjunto de obrigações que as empresas assumem com a sociedade, desejando a maximização dos efeitos positivos e minimização dos negativos sobre a sociedade.

Costa e *Viconti* (2000) entendem que a RS não se restringe unicamente às decisões e resultados alcançados por sócios e acionistas (*shareholders*), mas também aos impactos das atividades da empresa considerando todos os agentes sociais que interagem com ela (*stakeholders*). A responsabilidade social vai além dos compromissos compulsórios previstos na legislação empresarial. Ela expressa a inserção de valores e condutas que induzem à melhoria de vida dos empregados e sua família, bem como o desenvolvimento social local, regional e nacional da comunidade a que pertencem, com o fim de alcançar a sustentabilidade dos negócios por meio de estratégias de longo prazo.

Segundo *Cajazeira* (2005, p. 40), ainda que as definições de RS não sejam idênticas, e algumas antagônicas, existem cinco atributos de frequente convergência de conceitos, encontrados na literatura acadêmica, que podem resumir a essência do que se entende por responsabilidade social, conforme esquema do Quadro 1, a seguir:

Quadro 1 — Atributos comuns das definições de Responsabilidade Social — RS

Atributo	Conceito
Compromisso	RS envolve o compromisso em gerenciar o seu papel na sociedade, com seus sócios, empregados, mercado, clientes e cidadãos, de maneira sustentável e responsável. Este compromisso pode incluir um conjunto de princípios voluntários, buscando que as organizações promovam impactos positivos na comunidade a que pertencem
Requisitos Legais	RS são ações que vão além das obrigações requeridas por lei
Discurso e Prática	RS é reconhecer suas responsabilidades com seus *stakeholders*, agindo para aperfeiçoar estas relações, não buscando apenas ter boa visibilidade de ações
Sustentabilidade	A organização, em sua efetiva prática de ações com foco na RS, deve encontrar o equilíbrio entre os fatores econômicos, ambientais e sociais, conciliando as expectativas e demandas dos seus *stakeholders*, de maneira a gerar valores sustentáveis ao longo de sua cadeia de influência
Integração com *stakeholders*	A ação socioambiental da organização deve estar alinhada com a integração e com o diálogo entre os *stakeholders*

FONTE: Adaptado de Cajazeira (2005, p. 40).

Para fins deste estudo, a definição adotada como a mais concisa e objetiva sobre o assunto é a descrita pela Fundação Nacional da Qualidade, com redação bem semelhante à NBR 16001:2004 e à do Instituto *Ethos* (2007). Conforme a FNQ (2006, p. 27), RS é a "atuação que se define pela relação ética e transparente da organização com todos os públicos com os quais ela se relaciona, estando voltada para o desenvolvimento sustentável da sociedade, preservando recursos ambientais e culturais para gerações futuras, respeitando a diversidade e promovendo a redução das desigualdades sociais como parte integrante da estratégia da organização".

6. O PPA e a responsabilidade social nas organizações

A responsabilidade social nas organizações é um tema de relevância nos principais centros econômicos mundiais. Nos Estados Unidos e na Europa, é cada vez maior o número de fundos de investimento formados por ações de empresas que aderiram aos conceitos socialmente responsáveis. O índice chamado *Sustainability Index — Dow Jones* dá ênfase à necessidade de integração dos fatores econômicos, sociais e ambientais nas estratégias de negócio das empresas.

Normas e padrões certificáveis relacionados à RS, como as normas SA8000 (Relações de Trabalho); AA1000 (Diálogo com *Stakeholders*); ABNT-NBR 16001:2004 (Sistema de Gestão da Responsabilidade Social); Diretrizes da

OCDE para Empresas Multinacionais; e os Princípios Básicos de Responsabilidade Social — ABRAPP; Indicadores Ethos; Índice de Sustentabilidade Empresarial (ISE)/Bovespa vêm ganhando crescente aceitação (ETHOS, 2006).

Em 2000, a Organização das Nações Unidas — ONU convidou dirigentes de empresas, de trabalhadores e da sociedade civil para apoiar novos princípios universais em matéria de direitos humanos, trabalho e meio ambiente. Surge, então, o um Pacto Mundial denominado Agenda *Global Compact*, derivado da Declaração Universal de Direitos Humanos; da Declaração de Princípios da Organização Internacional do Trabalho; da Declaração do Rio sobre o Meio Ambiente e Desenvolvimento. Segundo *Pena et al.* (2004, p. 4), dentre os dez princípios universais, seis se relacionam com a gestão do público interno nas organizações, a saber:

1. as empresas devem apoiar e respeitar a proteção dos direitos humanos;
2. assegurar-se de sua não participação em violações destes direitos;
3. apoiar a liberdade de associação e o reconhecimento efetivo do direito à negociação coletiva;
4. apoiar a eliminação de todas as formas de trabalho forçado ou compulsório;
5. apoiar a erradicação efetiva do trabalho infantil;
6. apoiar a igualdade de remuneração e a eliminação da discriminação no emprego.

Em 2001, o Instituto *Ethos* convidou empresas brasileiras a figurar entre as primeiras signatárias da Agenda *Global Compact* (ETHOS, 2003). Para fortalecer então o movimento de responsabilidade social no Brasil, o *Ethos* concebeu um rol de indicadores que servem de instrumento de avaliação para as empresas e reforçam a tomada de consciência dos dirigentes públicos, empresários e sociedade brasileira para o tema.

Portanto, este conjunto de indicadores de RS é uma "ferramenta de autodiagnóstico cuja principal finalidade é auxiliar as organizações a gerenciarem os impactos sociais e ambientais decorrentes de suas atividades". Funciona como instrumento de autoavaliação das práticas empresariais e como ferramenta de gestão e planejamento, sugerindo parâmetros de políticas e ações que a organização pode desenvolver para aprofundar seu comprometimento com a RS.

A criação destes indicadores, segundo *Ethos* (2007), tem por objetivo mobilizar as organizações para a causa da RS, por meio de uma ferramenta de gestão de caráter holístico, bem como melhorar a qualidade dos relatórios e balanços sociais, ao servir como um sistema de avaliação do estágio em que se encontram as práticas de responsabilidade social nas empresas.

Os indicadores são calculados a partir de dados obtidos por meio de questionários, classificados em temas, subtemas e índices propriamente ditos. Os temas são os seguintes: valores, transparência e governança; público interno; meio ambiente; consumidores e clientes; comunidade; governo e sociedade.

O tema *Público Interno* vem enfocar especificamente o aspecto de que a empresa socialmente responsável não se limita a respeitar os direitos dos trabalhadores, constantes da legislação trabalhista e dos padrões da Organização Internacional do Trabalho. Ela deve fazer mais, investindo no desenvolvimento pessoal e profissional de seus funcionários, bem como na melhoria das condições de trabalho e na firmeza de suas relações com seus empregados. Deve considerar também o respeito às culturas locais, por meio de um relacionamento ético e responsável com as minorias e instituições que representem seus interesses.

Dessa maneira, o tema *Público Interno* é subdividido em três subtemas (Diálogo e Participação, Respeito ao Indivíduo e Trabalho Decente), que por sua vez é composto por um conjunto de indicadores de RS, conforme o Quadro 2, a seguir.

Quadro 2 — Subtemas e indicadores de responsabilidade social do tema Público Interno

Diálogo e Participação	Respeito ao Indivíduo	Trabalho Decente
Relações com Sindicatos	Compromisso com o futuro das crianças	Política de Remuneração, Benefícios e Carreira
Gestão Participativa	Compromisso com o Desenvolvimento Infantil	Cuidados com Saúde, Segurança e Condições de Trabalho
	Valorização da Diversidade	Compromisso com o Desenvolvimento Profissional e Empregabilidade
	Compromisso com a Não-Discriminação e Promoção da Equidade Racial	Comportamento nas Demissões
	Compromisso com a Promoção da Equidade de Gênero	**Preparação para a Aposentadoria**
	Relações com Trabalhadores Terceirizados	

FONTE: Adaptado de *Ethos* (2007, p. 24-41).

Dentre os cinco indicadores de responsabilidade social do tema *Público Interno, subtema Trabalho Decente,* encontra-se o de *Preparação para a Aposenta-*

doria. Visando a preparar seus empregados para a aposentadoria, a empresa deve verificar em que estágio se encontra neste indicador específico, ou se ainda não aplica este tipo de programa na organização, conforme o Quadro 3, a seguir.

Quadro 3 — Estágio de RS para o indicador Preparação para a Aposentadoria

Estágio 1	Estágio 2	Estágio 3	Estágio 4
Oferece informações básicas quanto à obtenção da aposentadoria.	Orienta e oferece assessoramento regular quanto a modificações na legislação, alternativas e procedimentos administrativos necessários para a obtenção da aposentadoria.	Desenvolve atividades sistemáticas de orientação (coletiva e individual), aconselhamento e preparação para a aposentadoria, discutindo seus aspectos psicológicos e de planejamento financeiro.	Além de possuir programa sistemático de preparação interna, oferece oportunidades de aproveitamento da capacidade de trabalho dos aposentados.
☐ Não vemos aplicação disso em nossa empresa		☐ Não havíamos tratado antes desse assunto	

FONTE: Adaptado de *Ethos* (2007, p. 38) e *Ethos* (2008).

Compõem ainda o indicador *Preparação para a Aposentadoria* as informações adicionais constantes do Quadro 4, a seguir.

Quadro 4 — Informações adicionais do indicador Preparação para a Aposentadoria

A empresa		SIM	NÃO
1. Oferece programa de previdência complementar a todos os seus empregados			
2. Envolve familiares dos empregados no processo de preparação para a aposentadoria			
3. Participa da elaboração de políticas públicas com foco em idosos			
4. Participa ou apóia programas e campanhas públicas ou privadas de valorização dos idosos			
Ano	**2006**	**2007**	**2008**
5. N. de empregados que participaram do programa de preparação para a aposentadoria			
6. N. de lideranças e chefias treinadas quanto à questão do impacto emocional da aposentadoria e importância da preparação do empregado			

FONTE: Adaptado de *Ethos* (2007, p. 38) e *Ethos* (2008).

7. *Considerações finais*

A aposentadoria é entendida por muitos como o resultado de um significativo período de lutas e conquistas do trabalhador, rigorosamente relacionada com o processo de envelhecimento do ser humano.(6) Na maioria de suas definições, dois contrapontos merecem destaque: 1º a inatividade após um período produtivo e a valorização do ser humano; e 2º a remuneração neste período pós-trabalho e a manutenção da qualidade de vida.

A fim de amenizar os riscos da transição de um período intenso de compromissos e responsabilidades para outro que traz uma mudança radical de hábitos e atitudes, as organizações públicas, privadas e do terceiro setor sentiram a necessidade de que esta fase fosse a menos traumática possível, e que a aposentadoria se tornasse um novo tempo, com novas perspectivas e novos objetivos a alcançar.

O terceiro relatório anual de estudo mundial do HSBC,(7) em conjunto com o *Oxford Institute of Ageing*, sobre o Futuro da Aposentadoria, apresentou algumas conclusões que merecem destaque. Dentre elas:

- as pessoas mais velhas estão colaborando com bilhões de dólares para a economia mundial em trabalho voluntário;
- no mundo todo, as pessoas nos 60 anos e mesmo as nos 70, que estão em trabalhos remunerados, colaboram com suas comunidades e suas economias por meio de seu trabalho e do pagamento de tributos;
- há mais idosos dando dinheiro, apoio e assistência aos cônjuges, filhos e amigos do que recebendo;
- há evidências de que muitos que se aposentaram antecipadamente se arrependeram e as gerações subsequentes estão mais resistentes aos programas de incentivos à aposentadoria precoce;
- em todas as economias, entre as pessoas que ainda trabalham e que esperam continuar trabalhando, em vez de se aposentarem antecipadamente, 71% responderam que é porque querem continuar trabalhando e se sentindo úteis;
- apesar de todas as mudanças que afetaram o conceito e a natureza da família, a maioria das pessoas acredita que as famílias deveriam ser responsáveis por seus membros aposentados.

Aliado ao fato de a longevidade na maioria dos povos estar crescendo nas últimas décadas, em virtude de avanços nas ciências humanas, médicas e tecnológicas, as conclusões da pesquisa HSBC/Oxford vêm corroborar a pre-

(6) *Rodrigues* (2000a, p. 26).
(7) HSBC (2008, p. 1.5-42).

ocupação das organizações em preparar as pessoas, e suas famílias, para esta nova etapa de vida de sua força de trabalho, incluindo aí o autodesenvolvimento pessoal e profissional contínuo e a emancipação do ser humano das organizações ditas eminentemente produtivas.

Desta feita, os programas de preparação para a aposentadoria surgiram como um tema significativamente importante quando se fala em responsabilidade social das empresas. De forma ainda incipiente, porém crescente, pode-se notar o avanço da implantação de PPAs nas organizações das economias de transição e em desenvolvimento, nas duas últimas décadas, a exemplo do que já ocorre nas economias desenvolvidas.

O mais importante de tudo, em que pesem os entraves ditados por oscilações de ordem política, econômica e social, é que a continuidade de trabalho dos idosos vem sendo colocada em pauta em assembleias, seminários e *workshops* nacionais e internacionais. E, de maneira prática, no planejamento estratégico e gerencial das empresas por iniciativa de dirigentes públicos e de empresários.

Mais e mais se discute sobre as condições de trabalho das pessoas de idade avançada, bem como sobre as experiências das empresas na preparação de seus empregados para a pós-aposentadoria, envolvendo nela aspectos psíquicos, sociais, recreativos, físicos, educacionais, culturais, ambientais, ideológicos, políticos e comunitários. Conceitos como o de aposentadoria ativa e de envelhecimento ativo são assimilados com mais naturalidade pela sociedade.

Hoje, para a sobrevivência das empresas, é imprescindível que elas estejam imbuídas da cultura e de ações de responsabilidade social. A relação das organizações com todos os públicos que as envolvem ou que são envolvidos por elas deve ser pautada pela ética e pela transparência. A sustentabilidade da sociedade e a preservação de recursos ambientais e culturais para as gerações futuras, bem como o respeito às diversidades e diminuição das desigualdades sociais devem fazer parte das estratégias de todas as empresas.

A análise, a avaliação e o acompanhamento das ações de responsabilidade social devem ser feitos pelas empresas em conjunto com todos os representantes dos *stakeholders* envolvidos. Para isso, nada mais pragmático e objetivo do que a concepção e aplicação de indicadores de processos e de resultados, a fim de que as ações gozem de transparência e estejam sujeitas a correções e ajustes ao longo do tempo.

Até o momento, não se tem conhecimento de relatos estatísticos ou dados recentes do universo de empresas brasileiras que possuem algum tipo de PPA. As experiências brasileiras também necessitam de registros em que se possa não apenas observar uma situação pontual, mas de continuidade, com destaque para os pontos fortes dos programas, bem como de aspectos que se apresentem como oportunidades de melhoria.

Uma vez realizado o mapeamento qualitativo e quantitativo, de máxima abrangência, do que acontece com os empregados prestes a se aposentar e dos já aposentados, e de como as organizações estão agindo e reagindo às demandas ditadas pelos aspectos que evidenciam a responsabilidade social e a implantação de PPA nas organizações, certamente as análises e avaliações dos aspectos aqui apresentados estarão cercados de confirmações e de novos questionamentos. A discussão sobre o tema e as experiências dele decorrentes encontram-se em aberto.

8. Referências bibliográficas

ABNT — Associação Brasileira de Normas Técnicas. *Responsabilidade social — Sistema da gestão — Requisitos*. Rio de Janeiro, 2004. NBR 16001.

ABRAPP. Os riscos da transição para aposentadoria. *Fundos de pensão*, n. 287, ano XXII, p. 37-40, set. 2003.

_______. Aposentadoria com qualidade, responsabilidade social da empresa. *Fundos de pensão*, n. 292, ano XXIII, p. 41-44, mar. 2004.

_______. Segunda carreira, uma nova perspectiva para os aposentados. *Fundos de pensão*, n. 318, ano XXV, p. 49-51, jul. 2006.

_______. Aumenta a preocupação com PPA nas fundações. *Fundos de pensão*, n. 327, ano XXVI, p. 42-44, abr. 2007.

ANDUJAR, A. M. *Modelo de qualidade de vida dentro dos domínios bio-psico-social para aposentados*. Florianópolis, 2006. Tese (Doutorado em Engenharia de Produção) — Programa de Pós-Graduação em Engenharia de Produção, Universidade Federal de Santa Catarina.

BARDIN, L. *Análise de conteúdo*. Trad. Luis Antero Reto e Augusto Pinheiro Lisboa. Lisboa: 70, 1995.

BOTH, Tatiana L.; CARLOS, Sergio A. Jubilamento: o interdito de uma vida de trabalho e suas repercussões na velhice. *Revista Brasileira de Ciências do Envelhecimento Humano*. Passo Fundo, p. 30-42, jan./jun. 2005.

CAJAZEIRA, J. E. R. *Responsabilidade social nas organizações classe mundial no Brasil*: só um discurso ou desempenho sustentável. São Paulo, 2005. Dissertação (Mestrado em Administração) — Programa de Pós-Graduação em Administração de Empresas, Escola de Administração de Empresas de São Paulo da Fundação Getúlio Vargas.

COOPER, D. R.; SCHINDLER, P. S. *Métodos de pesquisa em administração*. Trad. Luciana de Oliveira da Rocha. 7 ed. Porto Alegre: Bookman, 2003.

COSTA, C. B.; VICONTI, G. R. Empresas, responsabilidade corporativa e investimento social: uma abordagem introdutória. *Relato Setorial* n. 2, BNDES/AS/GESET, 2000.

DEBETIR, E.; MONTEIRO, L. A. dos S. Qualidade de vida e preparação para a aposentadoria na Universidade Federal de Santa Catarina. In: XXIII Encontro da Associação Nacional dos Programas de Pós-Graduação em Administração – ENANPAD. *Anais...* Foz do Iguaçú, 1999. CD-ROM.

DRUCKER. P. *Introdução à administração.* Trad. Carlos Afonso Malferrari. São Paulo: Pioneira, 1984.

EMILIANO, N. *Aposentadoria, o idoso e a família.* Disponível em: <http://www.portaldafamilia.org/artigos/artigo368.shtml> Acesso em: 7.4.2008.

ETHOS (INSTITUTO ETHOS DE RESPONSABILIDADE SOCIAL). *Cartilha rede Ethos para jornalistas.* Disponível em: <http://www.ethos.org.br/_Internethos/Documents/RedeCartilha1.pdf> Acesso em: 10.3.2008.

______ . *Critérios essenciais de responsabilidade social empresarial e seus mecanismos de indução no Brasil.* São Paulo: Instituto Ethos, 2006.

______ . *Indicadores de responsabilidade social empresarial.* São Paulo: Instituto Ethos, 2007.

______ . *Práticas empresariais de responsabilidade social*: relações entre os princípios do *Global Compact* e os indicadores Ethos de responsabilidade social. São Paulo: Instituto Ethos, 2003.

FAGUNDES, L. *A complexa hora de pendurar as chuteiras. Carreira e sucesso.* Newsletter. 346. ed. Disponível em: <http://www.catho.com.br/jcs/inputer_view.phtml?id=9403> Acesso em: 5.5.2008.

FERRELL, O. C.; FRAEDRICH, J.; FERRELL, L. *Ética empresarial*: dilemas, tomadas de decisões e casos. Trad. Cecília Arruda. 4. ed. Rio de Janeiro: Reichmann & Affonso, 2001.

FNQ (FUNDAÇÃO NACIONAL DA QUALIDADE). *Conceitos fundamentais da excelência em gestão.* São Paulo: FNQ, 2006.

FRAIMAN, A. P. A face oculta do executivo: o medo de se aposentar. Disponível em: <http://www.fraiman.com.br/faculdade/artigos/a_face_oculta_do_executivo.pdf> Acesso em: 5.3.2008.

FRANÇA, L. H. de F. P. Qualidade de vida na terceira idade. *Revista Ciclo*, n. 3, dez. 2000.

FRIEDMAN, M. *Capitalism and freedom.* Chicago: The University of Chicago Press, 1982.

GRAEFF, L. Representações sociais da aposentadoria. *Textos envelhecimento,* v. 4, n. 7, 2002.

HSBC Insurance and Oxford Institute of Ageing. *O futuro da aposentadoria.* Disponível em: <http://www.portaldoenvelhecimento.net/artigos/06-2007/futuro.pdf> Acesso em: 5.3.2008.

ISO (INTERNATIONAL ORGANIZATION FOR STANDARDIZATION). *Working report on social responsibility.* Prepared by the ISO Advisory Group on Social Responsibility. Geneve, apr. 2004.

MELO NETO, F. P. de; FROES, C. *Responsabilidade social e cidadania empresarial:* a administração do terceiro setor. 2. ed. Rio de Janeiro: Qualitymark, 2001.

MORAGAS, R. *Gerontología social, envejecimiento y calidad de vida.* Barcelona: Heider, 1991.

OIT (ORGANIZAÇÃO INTERNACIONAL DO TRABALHO). *La OIT y las personas de edad avanzada:* actividades y servicios que la Organización Internacional del Trabajo puede ofrecer para mejorar la situación de las personas de edad avanzada. Ginebra: Oficina Internacional del Trabajo, 1992.

OMS (ORGANIZAÇÃO MUNDIAL DE SAÚDE). *Envelhecimento ativo:* uma política de saúde. Trad. Suzana Gontijo. Brasília, 2005.

ONU (ORGANIZAÇÃO DAS NAÇÕES UINDAS). *Report of the second world assembly on ageing.* Document A/CONF.197/9. New York: UN, 2002.

PENA, R. P. M.; CARVALHO NETO, A.; COELHO, H. M. Q.; TEODÓSIO, A. dos S. de S. Discurso e prática da responsabilidade social: um estudo sobre a gestão do público interno em empresas signatárias do Global Compact. In: XXIX Encontro da Associação Nacional dos Programas de Pós-Graduação em Administração — ENANPAD. *Anais...* Brasília, 2005. CD-ROM.

PONTES, J. *Proposta de modelo para priorização de ações de responsabilidade social da organização com base nas necessidades sociais da região onde está inserida.* Florianópolis, 2003. Dissertação (Mestrado em Engenharia de Produção) — Programa de Pós-Graduação em Engenharia de Produção, Universidade Federal de Santa Catarina.

RODRIGUES, N. C. Aspectos sociais da aposentadoria. In: SCHONS, C. R. N.; PALMA, L. T. S. (org.). *Conversando com Nara Rodrigues*: sobre gerontologia social. 2. ed. Passo Fundo: UPF, p. 21-28, 2000.

________. O processo de comunicação familiar: a participação do idoso. In: SCHONS, C. R. N.; PALMA, L. T. S. (org.) *Conversando com Nara Rodrigues*: sobre gerontologia social. 2. ed. Passo Fundo: UPF, p. 57-68, 2000.

TENÓRIO, F. G. (org.). *Responsabilidade social empresarial*: teoria e prática. Rio de Janeiro: FGV, 2004.

VICTORELLI, L. Aposentadoria: aprender a parar. *Jornal da USP on line.* Disponível em: <http://www.usp.br/jorusp/arquivo/1999/jusp471/mancheet/rep_res/rep_int/pesqui4.html> Acesso em: 19.12.2007.

WIECZYNSKI, M. M. *O significado da ocupação pós-aposentadoria nas organizações sociais*: uma questão em debate. Florianópolis, 2003. Dissertação (Mestrado em Serviço Social) — Programa de Pós-Graduação em Serviço Social, Universidade Federal de Santa Catarina.

O PAPEL DO SERVIÇO SOCIAL NA PREPARAÇÃO PARA A APOSENTADORIA

Renata Trasse de Oliveira Barbosa(*)

O presente artigo aborda o papel do Serviço Social Organizacional na Gestão de Recursos Humanos como Coordenador dos Programas de Preparação para a Aposentadoria. Ressalta a importância de empreendimentos formativos para o desligamento do trabalho, que possibilitem a plena inserção do aposentável nos diferentes meios sociais em sua integralidade, seja a família ou comunidade, como base para o pleno exercício de cidadania e socialização.

Introdução

O processo de reestruturação produtiva que teve início nos anos 70, fruto da crise estrutural do capital, trouxe profundas mudanças ao mundo do trabalho. Surgiram novas modalidades de produção, de consumo, de regulamentação do trabalho e da aposentadoria e, principalmente, transformações de gestão da força de trabalho, com diferentes papéis institucionais.

É nesse contexto que o serviço social surge nas organizações, sejam elas privadas ou públicas, responsável pelo gerenciamento de benefícios sociais, pela minimização dos focos de tensão, na articulação de ações para adoção de comportamentos produtivos e pela intervenção técnico-metodológica nas relações humanas (IAMAMOTO, 2001, p. 47). Relaciona-se de forma indissolúvel ao desenvolvimento industrial acarretado pelas características políticas, econômicas e sociais que a modernização do capitalismo implanta nos processos de trabalho.

Novos paradigmas de exigências e competências, direcionados pela racionalização e produtividade, se apresentam nessa conjuntura globalizada e de grandes avanços tecnológicos, exigências essas também atribuídas aos assistentes sociais. Alterações no perfil, necessidades e interesses das organizações quanto aos profissionais que trabalham diretamente com as políticas

(*) Assistente Social da FEIS — Faculdade de Engenharia de Ilha Solteira/UNESP e Especialista em Competências Gerenciais Públicas e Administração de Recursos Humanos.

ligadas aos seus trabalhadores consolidaram-se e mudam a todo o momento. Como uma das necessidades decorrentes dessas mudanças, o olhar sobre a preparação para a aposentadoria e as questões presentes no envelhecimento são hoje objeto de intervenção e investigação do serviço social.

O papel do serviço social na área de recursos humanos nas organizações

O assistente social foi inserido nas equipes interdisciplinares de recursos humanos nas organizações pelo caráter analítico-interventivo próprio de sua formação. *Rey, apud Autari* (2000, p.108), reflete que:

> o assistente social como membro da equipe de recursos humanos das empresas tem como missão maior fornecer elementos de análise e decisão para a implantação de novas alternativas de Gestão de recursos humanos, a partir da sensibilização para as questões sociais e permanente postura de questionamento e antecipação.

A sua atuação intervem no cenário de crises sociopolíticas que a sociedade brasileira enfrenta, que estão presentes na organização em suas múltiplas formas e aspectos. Conflitos e nuances de todas as questões sociais, carregadas de suas complexidades e variáveis, são comuns às organizações, presentes na dualidade capital-trabalho/instituição-trabalhador, não sendo possível a sua separação.

Ao profissional de serviço social cabe o fomento de melhoria de vida pessoal e laboral de seus usuários, sendo sua prática desafiadora, pois permeia as relações e condições de trabalho e produção.

Uma nova identidade profissional fez-se presente para o atendimento de exigências que mesclam o sujeito-trabalhador na cidadania. As diretrizes propostas no projeto ético-político da profissão encontram aqui a importância para o desenvolvimento desse processo sociopolítico, emanado como competência.

Sua atuação enfatiza a garantia de direitos, o incentivo à qualidade de vida do trabalhador, a socialização institucional, a aquisição de novas competências educativas-formativas do homem no trabalho, bem como o incentivo à cidadania. Seu sentido visionário é transcender o olhar do homem para além de sua vivência na organização.

Para tal, necessita de referências teórico-práticas significativas, substanciadas e sistêmicas, que transformem a prática ativista e mecanicista comum no século XX em posturas e perfil de profissional inovador, com características dinâmicas, capaz de antecipar respostas internas (o trabalhador dentro da empresa) em conjunto com as externas (o trabalhador enquanto cidadão, sujeito de direitos e deveres). Como afirma *Marilda Vilella Iamamoto* (2001,

p. 27), sendo o serviço social uma especialização do trabalho e a atuação do serviço social uma manifestação do seu trabalho, inscrito no âmbito da produção e reprodução da vida social, a preocupação é *afirmar a óptica da totalidade na apreensão da dinâmica da vida social, identificando como o serviço social se relaciona com as várias dimensões da vida social.*

O valor hoje intrínseco às organizações, sobre responsabilidade social, tem trazido espaço e respaldo para os assistentes sociais implantarem novos programas e projetos que trabalhem as diferentes questões sociais importantes na atualidade.

Pompei (2005, p. 103) salienta que o assistente social, por ser uma profissão interventiva, presente na divisão social do trabalho pela articulação de seus processos técnico-metodológicos, é o profissional possuidor de competências generalistas que melhor possui preparo para realizar ações efetivas, focadas na gestão de recursos humanos. Poderíamos acrescentar que, sendo indivisíveis as questões biopsicosociais presentes na dinâmica organizacional e nas variáveis societárias, as intervenções do serviço social apresentam características que vão além do horizonte da organização, mas que se reportam a todo o contexto do homem em suas relações sociais.

As atribuições do assistente social nas organizações são desenvolvimentistas, pautadas no todo-indivíduo, respaldadas na análise, interpretação e intervenção nos fenômenos sociais, na relação homem x trabalho x sociedade. Na prática, em recursos humanos, se utiliza de estratégias, realiza diagnósticos, oportunizando recursos e elaborando propostas que consigam interferir nas questões levantadas e impactem de forma favorável o trabalhador, a instituição e a comunidade em que a organização se insira. Busca a melhoria de vida e das condições de trabalho, aglutinando outros trabalhadores de diferentes funções para isso. Participa das tomadas de decisões, assimila novas tecnologias, implanta novos processos criativos, buscando sensibilização para a mudança.

No entanto, saberes multiprofissionais são exigidos para a ampliação das habilidades e conhecimentos. Sem isso, sua visão sistêmica é reducionista. O conhecimento profundo da organização, sua missão, organograma, regulamento, papéis, diretrizes e cultura são elementos essenciais que direcionam o sucesso ou o fracasso.

As características que parecem se conservar desmistificam-se através de ações consistentes viabilizadas por meio de planejamento, coordenação, execução das políticas sociais empresariais (ROSA; CAMPOS, 2002, p. 33).

Sua grande área pauta-se na educação, visto ser essa a responsável pela relação existente entre indivíduo e sociedade, como domínio de ideias e práticas regidas pelas diferenças entre as diversas realidades.

Atua no atendimento individual e coletivo dos indivíduos, grupos, promovendo a capacidade de empoderamento dos envolvidos para a minimização, reflexão, solução de seus problemas. Seu papel é auxiliar no acesso aos requisitos para que seus usuários possam interferir por si mesmos nas condições viáveis para mudanças, inclusão, transformação.

Essa gama de competências traz em seu contexto a responsabilidade social e o compromisso ético-político em direcionar ações qualitativas aos segmentos que estão vivenciando o ciclo do envelhecimento e, em especial, aos que estão na proximidade do rompimento do trabalho.

Os programas de preparação para a aposentadoria (PPA) e o serviço social

O mundo inteiro se questiona sobre como manteremos qualidade de vida (e, paralelamente, menores custos) a milhares de pessoas idosas. Efetiva-se em alguns países a ideia de postergar a idade de aposentadoria e que essa seja proporcional a determinado tempo de contribuição previdenciária, como fator vital para a cobertura de uma população nunca imaginada de inativos e outra, em quantidade ainda superior, projetada para um futuro próximo.

Diferentes questões se sobrepõem ao envelhecimento, trabalho e inatividade. Uma delas, talvez a de maior relevância, é que os países subdesenvolvidos apresentam precários e poucos programas de qualidade de vida no trabalho, sendo que nas esferas públicas a proporção é ainda infinitamente menor. Isso acarreta um número muito elevado de doenças ocupacionais e a inexistência de ações sistemáticas de preparação e acompanhamento do envelhecimento dos trabalhadores, contexto dentro do qual um dos apêndices de suma importância é a preparação para a aposentadoria.

A aposentadoria, embora muito sonhada pelas pessoas, guarda uma outra face despercebida, gerada pela mudança definitiva de um ciclo de longa duração de vivência do indivíduo, ciclo esse que resultou na sua imagem coletiva e de sua autopercepção.

São inegáveis os efeitos físicos, cognitivos e sociais que o envelhecimento provoca e que estarão presentes na vida pós-aposentadoria, como muitas vezes presentes nos tempos anteriores a ela.Tais efeitos, embora guardem traços específicos às características da função exercida pelo trabalhador, do seu meio e de sua capacidade físico-genética, são mais ou menos comuns aos seres humanos, tendo impacto positivo e negativo nas relações produtivas e na sociabilidade do indivíduo.

Outros aspectos não visíveis e tão mais facilmente diagnosticados são os subjetivos, de repercussão nas relações inerentes ao processo de envelhecimento.

Somado a essas problematizações temos o encerramento do vínculo funcional, a interrupção das atividades do trabalhador. O que isso representa para o indivíduo? O que tem de comprovado no significado do trabalho na vida humana?

Abreu (2002, p. 13) afirma que, num país de grandes desigualdades como o Brasil, a aposentadoria traz consigo grandes contradições.

A visão que o trabalhador tem da aposentadoria está relacionada com a visão que desenvolveu de seu trabalho, do valor agregado socialmente, que esse representou em sua vivência e em seu autoconceito. De fonte essencial para a sobrevivência a espaço criativo, diversas variáveis misturam-se, direcionadas pelo papel social do trabalho nas sociedades capitalistas.

Na configuração histórica, o processo de trabalho se efetiva num movimento em que o homem se diferencia dos outros seres vivos, utilizando suas forças e potencialidades para transformar a natureza em formas úteis à sua vida. Como ressalta *Marx* (1985, p. 202), o trabalho:

> [...] é um processo de que participam o homem e a natureza, processo em que o ser com sua própria ação impulsiona, regula e controla seu intercâmbio material com a natureza [...], põe em movimento as forças naturais de seu corpo, braços, pernas, cabeça e mãos, a fim de apropriar-se dos recursos da natureza, imprimindo-lhes forma útil à vida humana. Atuando assim, sobre a natureza externa e modificando-a, ao mesmo tempo modifica sua própria natureza.

Para *Lessa* (2002, p. 25-26),

> [...] todo ato de trabalho resulta em consequências que não se limitam à sua finalidade imediata. Ele também possibilita o desenvolvimento das capacidades humanas, das forças produtivas, das relações sociais, de modo que a sociedade se torna cada vez mais desenvolvida e complexa. É este rico, contraditório e complexo processo que, fundado pelo trabalho, termina dando origem à relação entre os homens que não mais se limitam ao trabalho enquanto tal, que é denominado de reprodução social.

Essa realidade tem, no âmago da sociedade do trabalho, seus reflexos decisivos, porque o lugar que o trabalhador ocupa no sistema produtivo reflete o espaço que o mesmo detém na sociedade.

Valores como reconhecimento social; satisfação pessoal e profissional, que nas trajetórias laborais estiveram presentes ou não; o dever aqui direcionado à fonte de engrandecimento; de enobrecimento; de prazer ou desprazer que sua função representou para si; e o significado construído dessa função no coletivo estão associados também aos mitos de origem, com forte sentimento existencial da condição humana, de obrigação e de compromisso com a vida.

As características do sistema de produção capitalista transformam os trabalhadores em executores do seu fazer para ser. Sua identidade pessoal é atrelada ao significado social de seu trabalho. É comum, com o rompimento laboral provocado pela aposentadoria (aqui nos referindo à aposentadoria por tempo de serviço, e nos desvinculando das aposentadorias por invalidez ou de caráter forçado, que trazem em seu bojo ainda mais variáveis traumáticas), sentirem seus objetivos e referências de vida atrelados à sua função ou instituição em que trabalharam. A aposentadoria traz em si, em suas perdas, uma redução na vida coletiva dos indivíduos.

A preparação para a aposentadoria se justifica por dois grandes cernes: um deles é a necessidade informativa/formativa das perdas e ganhos que estarão presentes no rompimento com o trabalho em sua forma imediata, e o segundo, o tempo elevado de vida dos idosos, que necessita ter preservadas capacidades e habilidades físicas, sociais, cognitivas para a maior independência, exercício de cidadania e inclusão social.

Tal responsabilidade é consignada à área de recursos humanos que deve introduzir em suas políticas de desenvolvimento o programa de preparação para a aposentadoria, como ação de responsabilidade institucional da organização.

Os PPAs devem ser direcionados ao público interno da organização, considerando o perfil, habilidades, funções, experiências e expectativas dos trabalhadores. A análise de sua demanda é ponto principal e inicial do empreendimento. Como todo programa, deve ter uma intenção política e institucional definida, recursos e prazos estipulados.

Deve ser elaborado, planejado e ter suas etapas sistematizadas e apreciadas pelos próprios trabalhadores. É, portanto, uma ação participativa, construída em um universo coletivo. Embora nossa intenção seja colocar o serviço social como propulsor ou organizador de tais empreendimentos, esses devem contar com equipe interdisciplinar, de valor não menor de importância e contribuição efetiva em sua realização. A equipe deve contar com o devido respaldo teórico-prático para o desempenho do programa, tendo em vista a especificidade da questão.

Abreu (2002, p. 42) estabelece quatro etapas componentes da estratégia de implantação. São elas: preparação da equipe, sensibilização da clientela, diagnóstico e interlocução de uma rede de apoio composta por outras instituições que devam contribuir no processo.

Como temas obrigatórios podemos citar as condições de risco que envolvem o aposentado, como as condições socioeconômicas, previdenciárias e legais que enfrentará na inatividade, a autoestima, a mudança da dinâmica familiar, a saúde, o direcionamento de um novo projeto de vida (identidade social), a socialização diferenciada e a importância de sua participação política para garantir e efetivar direitos. A sensibilização e incentivo para a participação nas Universidades Abertas a Terceira Idade (UNATIs) como continuidade de processo formativo e integrativo dos idosos é outro tema de grande relevância que deve ter especial atenção. Cada uma dessas temáticas possui diversos aspectos que interferem diretamente na vida individual e social, oriundas de questões sociais de grande relevância na contemporaneidade.

Os processos metodológicos devem ser planejados considerando a conjuntura da organização e o perfil dos aposentáveis. Todas as etapas devem ser avaliadas através de pesquisa qualitativa, incluindo a retomada das variáveis da avaliação, com os mesmos sujeitos, após o período da efetivação da aposentadoria, como forma concreta de comprovarmos a aplicação da informação/formação apreendida, desvios e novas abordagens não trabalhadas.

O PPA deve ser planejado e organizado em cima da conjuntura brasileira, com a correta leitura de seus desdobramentos até a vivência pessoal do trabalhador em sua função, dentro da organização em que trabalha.

O Assistente Social, como profissional generalista que se apropria das diferentes correntes do saber nas ciências humanas e sociais, tem o papel de apontar, subsidiar e fomentar sua implantação e efetivação. Sua missão é resgatar e manter a dignidade humana e trazer para a instância organizacional a responsabilidade de trabalhar as múltiplas facetas intrínsecas ao valor do trabalho humano.

"Como deveria ser a sociedade para que o homem continue sendo homem quando velho? A resposta é simples: seria necessário que ele continuasse sendo tratado como homem."
BEAUVOIR, 1970

Referências bibliográficas

ABREU, C. R. *Repensando a aposentadoria com qualidade*: um manual para facilitadores de programas de preparação para a aposentadoria em comunidades. Lucia França. Rio de Janeiro: CRDEUnati. UFRJ, 2002.

AUTARI, I. C. *Serviço social organizacional*: novos desafios na apropriação das categorias qualidade de vida e qualidade de vida no trabalho. Construindo o Serviço Social. Bauru: Edite, n. 9, p. 189-212, 2001.

IAMAMOTTO, M. V. *O serviço social na contemporaneidade*: trabalho e formação profissional. 4. ed. São Paulo: Cortez, 2001.

______. O Serviço Social em tempos de globalização. *Revista Inscrita*. Rio de Janeiro. Grafime, n. 3, p. 13-18, 1998.

GONÇALVES, R. C. *A trajetória laboral de homens e mulheres no processo de desligamento nas relações de trabalho pela aposentadoria*. Florianopólis, 2006. Dissertação (Mestrado em Serviço Social) — UFSC.

LESSA, Sergio. *O mundo dos homens, trabalho e ser social*. São Paulo: Boitempo, 2002.

MARX, Karl. *O capital:* crítica da economia política. São Paulo: Difel, 1985. v. I e II.

POMPEI, D. G. Ações e estratégias contemporâneas do serviço social organizacional na gestão de recursos humanos: desafios e propostas. *Revista Serviço Social e Realidade*. Franca: UNESP, n. 14, p. 101-116, 2005.

ROSA, M.; CAMPOS, L. L. P. *Mudanças organizacionais*: Desafios e possibilidades para o serviço social. Bauru: Centro de Pós-Graduação — ITE, 2002.

O IMPACTO DA APOSENTADORIA NAS RELAÇÕES FAMILIARES

Maria Luiza Paulozzi Benfatti(*)

Na nossa sociedade contemporânea, as dificuldades sentidas pelos indivíduos com idade mais avançada têm sido muito grandes, principalmente pelo tipo de vida dos familiares, sem tempo e sem disponibilidade para cuidar dessas pessoas. A função de cuidadora, que é geralmente executada pela mulher, está empobrecida ou desaparecendo, devido à saída desta para o mercado de trabalho, há questão de trinta anos. A consequência perniciosa dessa situação recai sobre o idoso dependente para quem falta atenção, além de recursos, porque para o idoso ativo há atividades criativas, esportivas e educacionais.

Os problemas decorrentes dessas configurações têm causado um impacto na vida das famílias, promovendo conflitos e desajustes, comprometendo significativamente as relações entre as pessoas e, em função disso, não devem ser vistos de uma forma reducionista, nem simplificadora. É necessário, pois, abordar a questão de maneira sistêmica(1) e analisar todas as conexões importantes que integram esse contexto.

A família, assim como o indivíduo, tem um ciclo de vida marcado por seis etapas bem nítidas, as quais ocorrem num período mais ou menos de sete anos, tornando o sistema familiar vulnerável, pois, a cada nova etapa, surgem novas situações, exigindo da família mudanças nos valores, mitos e padrões relacionais para que ela possa garantir sua sobrevivência.

As famílias mais rígidas têm dificuldades em promover essas mudanças, tornando a estrutura disfuncional; portanto a família saudável é aquela que consegue se transformar e se adaptar às novas exigências internas e externas, sem perder a identidade. Ela é, pois, um sistema vivente que nasce, cresce, se desenvolve, se dissolve e se perpetua por meio de seus descenden-

(*) Assistente Social, Mestre em Educação Médica e Especialista em Saúde da Família, Consultora Organizacional, Terapeuta Familiar e Professora Universitária.

(1) **Sistema** é um todo dinâmico e indivisível, cujas partes estão essencialmente inter-relacionadas e interdependentes. (CAPRA, F. *O ponto de mutação*. São Paulo: Cultrix, 1982.)

tes, tendo uma pré-história (famílias de origem), uma história e um futuro (netos) que a transcendem.

A aposentadoria geralmente ocorre nas últimas etapas do ciclo vital da família, coincidindo muitas vezes com a velhice. A qualidade de vida do casal nessas duas últimas fases tem muito a ver com a vida conjugal construída, juntos, razão pela qual será necessário percorrer brevemente as etapas do ciclo vital para melhor compreensão do tema.

As etapas do ciclo vital são as seguintes:

Formação do casal.

Procriação.

Filhos na escola.

Filhos adolescentes.

Saída dos filhos adultos.

Aposentadoria/Velhice (Dissolução do ciclo vital, com a morte de um dos cônjuges).

1. Formação do casal

O casal é um sistema de dois: é o ponto de chegada de famílias anteriores e de partida para uma nova família. Nesse momento, o casal terá de criar seu patrimônio emocional, seu próprio sistema de valores sem a interferência das famílias de origem, porém conservando algumas características delas para preservar a continuidade histórica de seus passados e, ao mesmo tempo, criar sua própria identidade.

Para isso, o casal precisa ter espaço, lazer e tempo para poder concentrar-se em si mesmo, com certo afastamento dos outros, no entanto ele necessita primordialmente de complementaridade(2) nos aspectos social, sexual e afetivo. Esse é o tripé que assegura a saúde do casal e não há prioridade de um aspecto sobre o outro.

Ele necessita ainda de complementaridade e competição em relação a: responsabilidade quanto à satisfação emocional recíproca; receber e aprender a dar; ser continente; amar e ser amado.

Essa união ou aliança de duas pessoas se inicia no dia do casamento, mas se processa pela vida toda do casal. Só depois desse processo de adaptação e arranjos é que a família está pronta para procriar, momento em que será necessário promover as primeiras mudanças no sistema familiar.

---

(2) **Complementaridade** não é superar as dificuldades do outro, mas ajudar o outro a superá-las.

2. *Procriação*

Com o nascimento do bebê, certas mudanças deverão acontecer na vida do casal, exigindo dele muita disponibilidade (da mãe, para gerar e do pai, maior compreensão). Alguns cuidados devem ser tomados nessa fase, pois um dos dois parceiros (em especial a mulher) poderá dedicar-se totalmente aos filhos, promovendo um distanciamento do casal, sendo esse o primeiro obstáculo para a vivência conjugal saudável na velhice.

Ainda, poderá ocorrer o fato de o marido santificar a mulher e começar a ter dificuldades de sexualidade, e a mulher se sentir rejeitada e se ligar mais ao filho. Aos poucos o marido terá de ajudar a esposa a dissolver a simbiose (mãe e filho), situação essa difícil de ser elaborada, para que ela se volte ao marido, a fim de dar prioridade à função conjugal, caso contrário, o casal começará a apresentar conflitos familiares.

3. *Filhos na escola*

Essa é a fase em que se processa o primeiro desligamento da criança. Ele se dá, atualmente, na idade de 5 ou 6 anos, mais cedo do que ocorria nas décadas passadas.

Há uma ligação, agora, com o professor, que não pode ser vista pela família como abandono afetivo. Por outro lado, a família não pode fazer da escola uma instituição responsável por seu filho.

A entrada na escola nessa idade permite à criança o acesso ao mundo dos iguais, contribuindo para o desenvolvimento de sua socialização, e não deixa de ser uma oportunidade de a família se deparar com a primeira avaliação do produto familiar, pois as dificuldades da criança são geralmente dificuldades familiares, causando um impacto estressante à família.

4. *Filhos adolescentes*

A adolescência é geralmente considerada uma fase de crise, devido às mudanças que ocorrem no adolescente e no sistema familiar, supondo uma reestruturação em todos os subsistemas e com os sistemas exteriores. As crises estão mais relacionadas com a identidade do adolescente, escolhas vocacionais, questionamento de valores e mitos familiares, busca de liberdade. Essa fase é considerada de crise não só pelas questões apontadas, mas, principalmente, porque os pais também estão em crise com suas identidades, avaliação de suas próprias realizações e com a mudança do papel diretivo, sem perder o papel de pais. Essas dificuldades podem levar a família a certos níveis de conflito, percebendo-se muito comumente nessa fase a ocorrência de divórcios ou relacionamentos extraconjugais.

5. Saída dos filhos adultos/Aposentadoria (considerada de 55 a 70 anos)

A aposentadoria, tema central deste capítulo, está mais ou menos inserida na quinta etapa do ciclo vital, marcada com a saída dos filhos adultos do lar, que estarão se libertando de suas famílias de origem para dar início a um novo ciclo vital. As famílias flexíveis poderão facilitar a saída dos filhos, permitindo um desligamento saudável, experimentando a dor da separação e a alegria da continuidade da família, que é a perspectiva da vinda dos netos.

Esse momento geralmente coincide com a volta dos pais para casa em virtude da aposentadoria, sendo essa geralmente a etapa mais longa na vida da família, que pode durar até 20 anos ou mais.

O vínculo conjugal torna-se delicado nesse momento, havendo necessidade de se dar um novo arranjo ao casamento. O fato de não ter mais de cuidar dos filhos devolve ao casal mais tempo livre para reflexão e para novas atividades.

Esse é o momento em que o casal estará com maior disponibilidade para voltar a namorar, passear, reativar a vida social e de lazer, pois ambos estarão livres das obrigações do cuidado e provimento dos filhos. Terão mais tempo livre até para curtir os netos. No entanto, aqueles que só souberam desempenhar o papel de pais e não se permitiram o desfrute da vida conjugal vão sentir "o mito do ninho vazio", ou "o mito da solidão" (a dois).

A transição e as tarefas dessa etapa estão relacionadas tanto à mudança da função do casamento, quanto ao relacionamento com filhos adultos e com seus pais (três gerações). Esse é um momento propício para o aparecimento de estresses. Como a família estará realizando a expansão dos laços familiares para a inclusão dos parentes por afinidade e netos, para os filhos, surge a necessidade de administrar situações e problemas com os pais que estão envelhecendo.

Nessa fase, devido às modificações hormonais e de papéis, há a tendência de que homens e mulheres optem por seguirem em direções diferentes.

Os homens que até esse momento habituaram-se a ter autoestima elevada pelo trabalho e uma posição na sociedade, deram menos importância para a intimidade e o relacionamento familiar, buscam, então, nesse estágio de vida maior intimidade no relacionamento conjugal, enquanto com as mulheres ocorre o contrário. Elas se preocuparam mais com a intimidade até esse momento e agora querem desenvolver suas próprias vidas, carreira, amizades, atividades fora da família e nessa etapa de vida elas têm mais recursos para construir uma rede social.

Essas diferenças criam fortes tensões no casamento, que podem provocar um afastamento do casal e até o divórcio. E, após a separação, os homens se casam mais facilmente e geralmente com mulheres mais novas. Para as mulheres, essa opção é mais limitada, além disso, elas têm menos vontade de se recasar nessa fase. Suas necessidades estão mais ligadas à independência e à autonomia, as quais constituem uma tendência moderna. Hoje, 42% das mulheres entre 55 e 64 anos estão ainda na força de trabalho, enquanto em 1950, apenas 27% trabalhavam fora.

Outro fator que contribui para diferenciar a mulher do homem nessa fase do ciclo vital é a menopausa, a qual poderá ser vista tanto de maneira negativa, atribuindo sofrimento físico e psicológico, quanto saudável e positiva, com maior liberação sexual pela impossibilidade de gravidez.

As mulheres ainda têm uma vantagem sobre os homens, porque geralmente vivem mais tempo que eles e sozinhas, enquanto eles vivem menos e acompanhados geralmente de mulheres mais novas. Isso gera uma pseudossensação de juventude, pois a diferença marcante de idade entre o casal poderá promover no mais velho o peso da idade, devido às diferenças físicas, emocionais e mentais entre eles, além de apresentarem histórias de vida muito distintas.

Os impactos mais importantes dessa etapa das relações familiares estão ligados a diversos fatores, como a dificuldade de serem avós, ou de aceitar o passado ou, ainda, por apresentarem a síndrome do ninho vazio. Além disso, esse momento coincide com as perdas dos relacionamentos significativos, muitas vezes dos próprios cônjuges entre si, precisando cada um reorganizar a sua vida sozinho ou, no caso de terem buscado relacionamento fora do casamento, agora se ajustarem aos novos parceiros.

Em famílias em que o casamento até então era equilibrado, com a mãe envolvida na criação dos filhos e o pai envolvido com o trabalho, a aposentadoria deste vem desequilibrar esse sistema, principalmente se ele tiver exercido essa função parental de forma sofrível, ausente das relações familiares. Essa situação, amiúde, provoca sua exclusão do núcleo familiar.

Nesse momento da vida, pode ser ainda gerada insegurança devido à perda de rendimentos, criando no casal certa dependência financeira dos filhos para poder preservar seu espaço. E mais grave é o surgimento da necessidade de residir com os filhos para poder sobreviver.

Essa modificação do funcionamento da família, geralmente, não é aceita pelo casal com tranquilidade. Para a mulher que exerceu trabalho fora de casa, a perda do *status* e da rede social provoca uma tensão mais branda do que no homem. Esse, ao perder o papel de provedor, sofre um impacto maior, situação propícia para desencadear a perda da autoestima e desenvolver um quadro depressivo. As afirmações conclusivas apontam três importantes tarefas a que o casal, nessa fase, se submete. A primeira é a mudança de função do casamento, em que os pais voltarão ao sistema de dois, sem as atribuições de cuidadores e provedores. A segunda tarefa diz respeito ao relacionamento do casal com os filhos adultos e com os pais envelhecendo, pois, no geral, estarão se sucedendo também as preocupações com a educação e casamento dos filhos, e obrigações materiais e emocionais para com os pais. A terceira refere-se à inclusão dos parentes agregados e netos. Essa pode ser uma tarefa difícil para as famílias mais simbióticas que não conseguem se desligar dos filhos ou que têm resistência em aceitar os novos parentes.

Para as famílias funcionais, essa etapa não apresenta grandes dificuldades, sendo vista como um tempo de realização, consolidação, exploração de novos caminhos, enquanto para outras significa rompimento, divórcio, perdas esmagadoras e até a desintegração geral com a morte.

Impactos da aposentadoria nas relações familiares

Os impactos mais significativos da aposentadoria nas relações familiares são: insegurança financeira; maior tempo livre para o casal; funcionamento físico mais limitado; aumento dos sintomas físicos; as mulheres geralmente são as cuidadoras da família, enquanto os homens se encarregam da responsabilidade financeira.

Ainda nessa fase ocorrem outras especificações, como: velhice, viuvez, tornarem-se avós, doença e dependência.

Velhice (considerada de 70 ou 75 anos para mais)

A qualidade da vida familiar nessa etapa também está relacionada com a forma com que o casal viveu ao longo de uma união. É a última fase antes da dissolução desse núcleo familiar original, mas que será perpetuado por seus descendentes. O ser humano necessita sentir-se perpetuado não só física, como também psicológica, social e culturalmente.

Nesse momento, deve ocorrer o fenômeno da generatividade, isto é, o homem maduro necessita sentir-se útil, escutado, valorizado, o que não acontece frequentemente na sociedade ocidental atual, em que é comum marginalizar a pessoa idosa com a ajuda dos mitos em torno de sua inaptidão, fragilidade e impossibilidade de mudança. Geralmente, as famílias têm para com o ancião atitudes de superproteção, ou marginalização, mas dificilmente de reconhecimento, a saber:

superproteção: é a crença de que o idoso não pode e não convém tentar. Essa é também uma espécie de marginalização;

marginalização: subestima-se a capacidade física e mental do idoso, desenvolvendo mitos de que ele *não sabe, não entende e não vale a pena;*

reconhecimento: essa é uma atitude saudável, é o contador de histórias. Geralmente a pessoa mais velha da família é que se encarrega de contar os acontecimentos passados, e que não deixa se perderem as crenças e costumes familiares, permitindo que a história se perpetue pelas gerações.

As duas primeiras atitudes são maléficas para o ancião, reforçando a impossibilidade de viver ativa e participativamente na sociedade.

É preciso frisar que a neurobiologia, em suas experiências recentes, mostra que a mente não envelhece se for colocada constantemente diante de desafios, além de receber acolhimento afetivo. Nesse sentido, é interessante observar este pensamento dos orientais: "Quando o velho deixa lugar ao novo, se converte em algo novo".

A valorização da experiência como fonte de sabedoria é um privilégio de que habitualmente se necessita numa sociedade de consumo como a nossa, marcada pelo manejo onipotente das pessoas como coisas, e na qual os velhos sentem que correm o risco de ser dispensados como utensílios vazios quando já não estão em condição para a luta. No entanto, há uma variada gama de situações que o enriquecem vitalmente e o capacitam para aconselhar e orientar as novas gerações.

Na velhice, é comum acontecer a reversão da dependência inicial entre pais e filhos: os pais são tratados como filhos, observando-se nesse momento a repetição do modelo, ou seja, eles são tratados pelos filhos, assim como eles os trataram. Se os filhos foram hostilizados durante anos por seus pais, esses encontram nesse momento a oportunidade de exercer a retaliação.

A saúde das pessoas nessa fase depende também da qualidade de vida que tiveram no decorrer da vida, sendo comum, agora, apresentarem grande incidência de patologias físicas, como o mal de Alzheimer, câncer, AVC, entre outras doenças crônicas e mentais como estados paranóicos, depressão, ansiedade e suicídio. A maneira com que as famílias lidam com essa etapa depende do tipo de sistema que criaram ao longo do tempo e da capacidade de se ajustarem às perdas e às novas exigências.

A relação do casal nessa época, satisfatória ou não, tem muito a ver com a história passada de ambos, como já foi dito anteriormente. No entanto, é preciso ressaltar o fato de que a queda do hormônio masculino torna o homem mais dócil, enquanto a queda do hormônio feminino torna a mulher mais autoritária e traz um dado novo na relação do casal. Os homens demonstram maior possibilidade de acomodação e necessitam de maiores cuidados, enquanto as mulheres se tornam mais assertivas e mais ativas na satisfação de suas próprias necessidades.

Portanto, embora o ajustamento da terceira idade, no contexto familiar, raramente se faça de forma saudável, como no caso de cônjuges que sempre se mantiveram distantes do convívio familiar e ao buscarem a reintegração nesse meio não encontram espaço, há exceções: casais que viveram bem nesses anos juntos e concretizaram projetos feitos durante a vida ativam as relações entre si e as atividades sociais, aproximam-se das famílias externas e dos amigos.

O chileno *Humberto Maturana*, primeiro cientista a estudar a biologia do amar e considerado o maior biólogo do século, afirma categoricamente que "O homem é um ser biológico e afetivo". Essa afirmação não faz referência a uma idade específica, mas a todas as idades. E no que se refere aos idosos, essa afetividade se expressa de diferentes formas como contatos constantes com os familiares, criação de um vínculo de apoio e reforço dos laços emocionais recíprocos. Esses são alguns fatores capazes de garantir a qualidade de vida dos idosos e aumentar a expectativa de vida deles.

De um modo geral, em relação a esse tema, os estudiosos fizeram o seguinte prognóstico para as próximas décadas: aumento da ajuda dada pela família ao idoso; aumento de 20 para 28 milhões de idosos; decrescimento da população jovem; crescimento da participação da mulher no mercado de trabalho; possibilidade de casais viverem mais 30 ou 40 anos na terceira idade; crescente número de famílias recasadas e decrescente número de filhos.

Essa realidade terá de ser administrada pelo governo e pela família, se bem que, no Brasil, já existe um respaldo jurídico com a criação do Estatuto do Idoso, mas ainda é necessário desenvolver uma cultura mais atualizada e estimuladora a respeito do tratamento dos anciões.

Viuvez

A viuvez é uma situação que está inserida, geralmente, na última etapa do ciclo vital e com ela fica caracterizada a dissolução da união do casal. Ela pode ser vista como perda natural, passando o outro cônjuge pelo luto e reconstituindo nova maneira de viver; ou como amputação, se o viúvo manteve durante a vida matrimonial uma relação de dependência; ou ainda como libertação, no caso de o casal ter mantido uma relação de submissão e autoritarismo. Portanto, a viuvez tem muito a ver com o relacionamento que o casal manteve durante os anos de união.

Pesquisas têm mostrado que a vida solitária não traz consequências benéficas. Tanto solteiros como viúvos ou divorciados têm probabilidade quatro vezes maior de morrer prematuramente de hipertensão, derrame, doenças cardíacas e coronárias do que aqueles que são casados.

Na situação de viuvez, homens e mulheres reagem, geralmente, de forma diferenciada, tanto física, quanto psíquica e socialmente. Enquanto elas têm menos possibilidades de refazer a vida conjugal por meio de casamentos, mas refazem-na buscando atividades sociais, culturais e maior ligação com a família, o que lhes permite desatar os laços com o marido morto e realinhar a vida doméstica, eles, de um modo geral, casam-se de novo, preferencialmente com mulheres mais novas, não raro criando conflitos de idade, além de problemas com os filhos por conta de heranças e testamentos.

Tornando-se avós

Na idade acima de 70 anos é comum homens e mulheres já serem avós. Até mesmo um pouco antes já o são, haja vista que 75% de pessoas com idade acima de 65 anos já são avós e 33% (1/3) já são bisavós.

A presença de "um novo ser" na família estimula, nos idosos, o desejo de sobreviver, conferindo renovada satisfação de vida. Entre avós e netos cria-se uma relação singular em que é possível usufruir um vínculo especial, isento de obrigações e compromissos parentais. É nesse momento da vida que passado e futuro se fundem no presente, é nesse momento que é possível reviver as experiências anteriores de criação dos filhos, mas agora de forma mais madura e sem sobrecarga. É uma fase de grande riqueza de vida.

Doença e dependência

A preocupação com a qualidade de vida e a existência de cuidados médicos mais disponíveis empurraram a expectativa de vida para a frente. Hoje, não é raro encontrar pessoas atingindo a faixa dos 90 anos. O aumento desse tempo de vida abriu espaço para o acometimento de doenças próprias dessa idade, como câncer, diabetes, problemas cardiovasculares, artrite, entre outras crônicas e dolorosas.

Além de temerem o acometimento de doenças, os idosos sofrem com o medo da perda das capacidades físicas e mentais, da autoestima, da perda do poder, temem o desamparo e a morte.

Os problemas de transtorno do sono, incontinência urinária e anal, delírios, comportamentos agressivos, distúrbios cerebrais são comuns aos velhos de idade mais avançada e costumam causar tensão familiar. Hoje é mais difícil cuidar do idoso em casa, porque os membros da família, no geral, trabalham fora. A função de cuidadora sempre coube à mulher e com a saída dela do serviço doméstico para o mercado de trabalho, essa função está se tornando vazia.

Hoje, as finanças do casal são destinadas à educação dos filhos, portanto a doença dos pais acaba criando problemas financeiros para o casal. Além disso, os jovens geralmente são intolerantes com os idosos e esses com os jovens, causando outros tipos de conflitos.

A solução para aliviar essa tensão criada com a presença do idoso na família é buscar instituições como asilos ou casas de repouso para acomodá-lo. Hoje 5% dos idosos estão em asilos e 86% apresentam problemas crônicos de saúde. Os pacientes de instituições apresentam estado mais severo de saúde do que os que ficam em casa.

O ato de cuidar do idoso tem muito a ver com a capacidade afetiva das famílias e com o modelo que tiveram nessa área. Existem muitas diferenças entre as famílias e os povos no cuidado dos idosos. As famílias gregas, italianas, chinesas e japonesas geralmente conservam os idosos em seu meio. Já os escandinavos e judeus aceitam a ideia de colocá-los em asilos.

O cuidado com os idosos é uma realidade complexa que engloba tanto a parte de saúde física quanto psíquica, o que inclui ajudá-los a tomar decisões importantes e, às vezes, até as mais simples. No Brasil, há duas alternativas que se enquadram como sistema de apoio nessa tarefa de cuidar do idoso. Uma é a rede de apoio formal, são os hospitais, ambulatórios, clínicas geriátricas, asilos, centros-dia. Recentemente foram criadas em São Paulo, Guarulhos e no Rio de Janeiro unidades médicas de apoio domiciliar. No entanto, como a rede de apoio formal é mais escassa, há uma porcentagem maior de idosos sendo cuidados em casa.

A outra é a rede de apoio informal, baseada em dois princípios: de solidariedade e de reciprocidade entre gerações. Do primeiro, o auxílio vem de pessoas da mesma geração, do segundo, o apoio vem dos filhos ou parentes da geração seguinte. É importante ressaltar que tanto no apoio solidário quanto no recíproco, devem estar presentes o respeito, a consideração, a gratidão e, sobretudo, a amizade e o amor.

Na Holanda, existe uma forma alternativa de cuidados com e entre os idosos. Há voluntários que cuidam dos idosos de forma sistemática e organizada em domicílio. Além disso, cresce ultimamente o hábito de os idosos se juntarem para morar na mesma casa, homens e mulheres, formando casais ou não, cuidando-se uns dos outros.

O amor é um fator determinante no cuidado do idoso; em especial o amor que foi desenvolvido na relação entre pais e filhos ao longo da vida. Quanto mais amor e intimidade, menos cansativo e oneroso se torna o trabalho, e quando assim ocorre, percebem-se nessa relação algumas recompensas, satisfação, ganhos, prazer, desfrute, além de se observar uma grande melhora no estado geral do idoso.

Conclusões

Como já vimos, a aposentadoria seguida da velhice e doença causa impactos às vezes violentos nas relações familiares, promovendo conflitos, desavenças e até o divórcio. O que se percebe é que as famílias geralmente não se preparam para a chegada dessa fase, porque não aceitam a ideia da perda dos entes queridos e nem da queda de suas capacidades físicas e mentais. As condições emocionais e materiais das famílias dificultam o bom relacionamento e tratamento dos seus idosos, necessitando aderir à institucionalização dos mesmos, sem obter do poder público recursos adequados e satisfatórios.

Por outro lado, é importante ressaltar que o modelo de cuidados que as famílias passam para as próximas gerações influencia e plasma a educação dos seus descendentes, garantindo uma cultura de respeitabilidade com o idoso. A qualidade de vida na terceira e quarta idades depende muito da maneira como as famílias viveram todos esses anos e das relações que construíram nessa trajetória.

E, finalmente, o amor e a dedicação aos idosos contribui para a melhoria da sua qualidade de vida, aumentando a autoestima e diminuindo a incidência dos sintomas mais graves de doenças senis.

"O amor é o único nexo permanentemente válido nas relações familiares. Amar e ser amado é um desejo de todos".

Maurício Knobel

Referências bibliográficas

CARTER, Betty; MCGOLDRICK, Mônica. *As mudanças no ciclo de vida familiar*. Porto Alegre: Artes Médicas, 1995.

CAPRA, F. *O ponto de mutação*. São Paulo: Cultrix, 1982.

HALEY, J. *Psicoterapia familiar*. Interlivros, 1979.

KARSCH, U. M. S. *Envelhecimento com dependência*: revelando cuidadores. São Paulo: EDUC, 1998.

KNOBEL, M. *Orientação familiar*. Campinas: Papirus, 1996.

MENUCHIN, S. *Famílias, funcionamento e tratamento*. Porto Alegre: Artes Médicas, 1982.

NÉRI, Anita Liberalesso. *Cuidar de idosos no contexto familiar*: questões psicológicas e sociais. Campinas: Alínea, 2002.

YOASO, D. R. e SGUIZZATTO, G. T. *Serviço de assistência domiciliária ao idoso de centro de referência à saúde do município de Guarulhos*. Atendimento domiciliar: um enfoque gerontológico. São Paulo: Atheneu, 2000.

TRABALHO VOLUNTÁRIO, OPÇÃO CONSCIENTE!

Cláudia Maria Daher Cosac(*)

Constantemente a mídia publica pesquisas realizadas por institutos reconhecidos sobre o aumento da população idosa no Brasil. Claro, a melhoria dos serviços básicos como saúde e saneamento contribuem para o aumento da expectativa de vida. Mas, o que fazer com estas informações? Para onde conduzir este segmento social? E para os aposentados, o que significa? Afinal, não pertencer mais ao mercado formal de trabalho causa constrangimento. Como melhorar a autoestima?

A busca por alternativas surge das mais variadas formas: Grupos de Terceira Idade, Universidades de Terceira Idade, Associações, Movimentos para e da Terceira Idade revelam o quanto a sociedade procura redefinir o conceito (velho e atrasado) de velhice e pensar "novas formas de cidadania" (SANTOS, 1994, p. 213).

Independentemente das injustiças sociais, da estigmatização (e, porque não, maus tratos?), da ausência de políticas sociais, do desrespeito aos direitos, dos baixos benefícios previdenciários e tantos outros, há uma atividade ampla, diversificada e ao mesmo tempo específica que pode e deve ser desenvolvida, o trabalho voluntário. É da convicção da importância dele que se tratam estas reflexões.

Em 18 de fevereiro de 1998, foi sancionada a Lei n. 9.608,[1] que regulamentou o trabalho voluntário no País, definindo-o como atividade não remunerada, prestada por pessoa física a instituição pública de qualquer natureza, ainda, organização privada sem fins lucrativos, com objetivos cívicos, culturais, educacionais, científicos, recreativos ou de assistência social, sem vínculo empregatício e obrigações trabalhistas, previdenciária ou afins.

Essa lei trouxe consigo o fim de um dos maiores problemas enfrentados pelas instituições sociais no que diz respeito ao trabalho de voluntários. Ela define claramente o vínculo dessas pessoas para com a instituição, impossibi-

(*) Assistente Social, Doutora em Serviço Social e Professora do Curso de Serviço Social da UNESP.

(1) Em anexo ao final do capítulo.

litando tanto falsos voluntários de se inscreverem apenas para caracterizar relação de trabalho, como simplesmente cumprir uma assertiva formalmente instituída, sem qualquer compromisso e responsabilidade de execução, acompanhamento e avaliação continuada das atividades.

Surge então um novo perfil de voluntariado, voltado para a doação de tempo, talento e habilidade, fundamentado em valores como solidariedade e cidadania. Atua de maneira organizada, profissional, e não remunerada, em prol da melhoria da qualidade de vida e resolução dos problemas sociais da comunidade. Segundo *Fonseca & Muneratti* (1997, p. 14):

> A solidariedade brota do coração grande e generoso, enquanto a cidadania é fruto da mente racional e esclarecida. A cidadania ante a exclusão social se manifesta contra a corrupção e a favor de uma sociedade mais justa, porque a pobreza de muitos prejudica a todos. A solidariedade floresce nas crises, enquanto que a cidadania se exerce no dia-a-dia. A cidadania é obrigação de todos, enquanto que a solidariedade é vocação de alguns. Podemos educar jovens para a cidadania, enquanto que para a solidariedade só podemos sensibilizá-los. A solidariedade engrandece o homem. A cidadania constrói a sociedade. As duas juntas podem resgatar a dívida social de uma nação.

Institui-se a necessidade de realização de Termo de Adesão entre o prestador do serviço voluntário e a instituição social beneficiária dos serviços. Isto explicita, em complementação à lei, que a Instituição ao se abrir ao trabalho voluntário tem de estar organizada administrativamente, com o plano de atividades devidamente elaborado e com as funções essenciais definidas para cada funcionário, com carteira de trabalho assinada, incluindo a designação do coordenador, no desempenho da função, entre outras, de acompanhar o trabalho dos voluntários.

O voluntário constitui-se em cidadão responsável e preocupado que despertou para a vida comunitária, motivado por valores de solidariedade e participação social, doando seu tempo, trabalho e talento, de modo espontâneo e gratuito, na busca do bem comum.

A construção da cidadania apresenta-se como principal motivação para que as pessoas assumam responsabilidades na vida em sociedade. Assumir uma atividade voluntária representa assumir novos compromissos, preocupações e desafios, mas, também, significa meio de crescimento, fortalecimento e realização pessoal.

O trabalho voluntário traz mudanças à rotina de vida da pessoa, o que significa que deverá estar preparada para se adequar às mesmas.

Faz-se necessário que o voluntariado busque qualificação técnica para o desenvolvimento de suas ações, que se insira em Programas de Voluntários planejados, tendo em vista o aproveitamento satisfatório de seu potencial, em benefício de todos que são parte integrante do mesmo sistema de ajuda e proteção social.

De acordo com *Fonseca & Muneratti* (1987, p. 17):

Todo Programa de Voluntariado é implantado para criar, melhorar ou ampliar os serviços prestados pela organização social, portanto, é necessário um planejamento criterioso. Se planejar é estabelecer um estado futuro desejado, delineando os meios de torná-lo realidade, esse procedimento supõe:

- analisar o contexto atual no qual a ação será desenvolvida;
- definir o foco da atuação e estabelecer os objetivos do trabalho que se quer realizar diante dessa realidade;
- estabelecer os serviços a serem prestados;
- verificar os recursos físicos, humanos e financeiros necessários;
- criar um sistema de monitoramento e avaliação das ações a serem realizadas;
- viabilizar a execução do plano.

Qualificação técnica significa profissionalização, que, por sua vez, expressa criar novas possibilidades de ação, de resolução de problemas. Consiste em trabalhar com a demanda beneficiária dos serviços a partir de suas reais necessidades, estabelecendo relações éticas e responsáveis na doação de tempo, talento e habilidade. Implica na elaboração de planos de ação competentes, eficientes e eficazes.

O Terceiro Setor, enquanto espaço privilegiado da ação voluntária, vem se fortalecendo por meio da superação das práticas amadoras, simplistas, calcadas somente no aspecto sentimental e passageiro. Seus dirigentes e colaboradores, paulatinamente, passam a entender a importância da profissionalização, do conhecimento de novas técnicas e tecnologias, ampliando a perspectiva da justiça social e da equidade no combate a não inclusão.

Normalmente, as instituições sociais definem diferentes objetivos, mas a junção de todos eles com os das pessoas que desejam trabalhar voluntariamente resultam em trabalho significativo, agradável e, consequentemente, mais efetivo. O trabalho voluntário deve ser exercido com a mesma responsabilidade, seriedade e empenho do trabalho assalariado. Só não pode ser confundido com ele.

A informalidade que marcou a organização dos serviços nas instituições sem fins lucrativos até os anos de 1980 e, consequentemente, do trabalho voluntário, passa a ser substituída pela gestão voltada ao planejamento estrategicamente organizado, com direção, controle e avaliação dos objetivos institucionais a serem alcançados.

De acordo com *Fonseca & Muneratti* (1987, p. 13), o voluntariado contemporâneo deve buscar a qualificação da sua atuação como também as instituições sociais. Os objetivos das ações sociais precisam estar sintonizados com bons resultados, e resultados propositivos. Nesse sentido, a eficiência, a eficácia e a competência profissional relacionam-se sistematicamente para o alcance da cidadania. Para além do espírito de solidariedade, há a exigência da qualidade técnica da ação voluntária.

A instituição é favorecida ao receber voluntários, pois acrescentam flexibilidade no trato com a realidade e com as demandas que dela fazem parte. Acrescentam ainda amor às ações desenvolvidas, tendo em vista que escolheram livremente esse tipo de trabalho. Atuam com criatividade, buscam capacitação para alcançar melhor desempenho e enfrentam desafios com disponibilidade e presteza.

Para tanto, torna-se importante ao voluntário conhecer suas aptidões e dons, para que exerça trabalho útil à demanda beneficiária, mas também que atenda às suas próprias expectativas de realização pessoal, pois, além do sentimento altruísta, mesmo que inconscientemente, espera algo em troca.

É preciso desvelar os motivos que levam os indivíduos a executarem trabalho voluntário. O autoconhecimento auxiliará a encontrar atividade significativa e prazerosa, evitando constantes entradas e saídas de voluntários das instituições.

O exercício do trabalho voluntário requer senso de responsabilidade, interesse e profissionalismo, o que incide na pontualidade, assiduidade, participação continuada em reuniões, eventos, treinamentos, e tantas outras atividades.

Aqui valem alguns esclarecimentos sobre as atividades corretas pertinentes ao trabalho voluntário, desenvolvidas em instituições sociais, todas de fundo educativo, com a finalidade de ampliar conhecimentos, desdobrar a visão de mundo, dar oportunidade à criatividade individual e coletiva:

— lazer: piquenique, passeios em bosques, parques, viagens para conhecer uma fazenda e suas atividades cotidianas, etc.;

— atividades culturais: feira de livro, teatro, museu, cinema, biblioteca, etc.;

— atividades educativas: reforço escolar, canto, dança, música, culinária (do cotidiano), reaproveitamento de alimentos, curso para domésticas (ensinar a atender ao telefone, anotar recados, usar produtos de limpeza, fazer compras, guardar os alimentos na despensa e na geladeira, arrumar cama, dispor os utensílios no banheiro, etc.);

— encaminhamentos das demandas a cursos de geração de renda: culinária, pedreiro, mestre de obras, garçom, artesanato, biju, alfabetização, etc.

Mas há também atividades específicas que são desenvolvidas por profissionais liberais, ainda na ativa ou aposentados, tais como: médicos, advogados, dentistas, administradores, engenheiros, ou mesmo técnicos, como: encanadores, marceneiros, eletricistas e tantos outros que se dispõem a prestar serviços voluntários nas instituições e atender às demandas daqueles que tanto necessitam de ajuda.

Quando ocorre o planejamento e gerenciamento adequados, o Programa de Voluntários oferece inúmeros benefícios a todos: voluntários, instituição, sociedade em geral e demandas beneficiárias dos serviços prestados.

A solidariedade consiste no motivo maior do trabalho voluntário. No entanto, existem muitos outros motivos oriundos de razões diversas, tais como querer descobrir um sentido na vida, a necessidade de ser útil e até mesmo a vontade de ocupar melhor o tempo livre. Todos são igualmente importantes e devem ser considerados no momento da estruturação e implementação do programa de voluntários.

O trabalho voluntário organizado oferece efetivamente qualidade, comprometimento com sucesso, satisfação e, sobretudo, intervenção social competente.

A importância dos Planos de Ação, elaborados individualmente pelos voluntários, consiste em meio de melhoria e ampliação dos serviços prestados pela instituição social à demanda beneficiária. Para tanto, torna-se inevitável o planejamento criterioso das atividades a serem desenvolvidas, traduzidas em Programa de Trabalho, incluindo-se aí as atividades dos voluntários.

Um plano bem estruturado baseia-se no cumprimento de uma série de etapas estrategicamente previstas a curto, médio e longo prazos. Este plano se inicia pelo levantamento das reais necessidades da demanda beneficiária, o reconhecimento de sua viabilidade, a identificação das condições adequadas para implementação, a consciência dos benefícios que o trabalho desempenhado trará para a demanda, para a instituição, para os voluntários, um plano de ação elaborado de acordo com o Programa de Trabalho da Instituição Social.

Na implementação do programa, torna-se importante que a instituição selecione e contrate um coordenador que seja responsável pelo desenvolvimento das atividades, pelo corpo de voluntários, e que tenha perfil adequado para exercer a função.

Fonseca & Muneratti (1987, p. 21) explicam que um Coordenador de Voluntários deve ter:

— capacidade para relacionar-se com as pessoas;

— habilidade para ouvir e envolver o outro;

— disponibilidade para integrar-se ao grupo e trabalhar em equipe;

— habilidade para planejar e organizar, delegar trabalho e supervisionar projetos;

— capacidade para refletir sobre suas práticas e conceituar suas ações;

— capacidade para gerar e motivar mudanças;

— habilidade para captação, recrutamento e motivação de futuros voluntários;

— capacidade para coordenar grupos, habilidade para assumir liderança democrática;

— constituir-se em facilitador de tarefas grupais;

— habilidade na negociação e resolução de conflito;

— capacidade de decisão e articulação com outras instituições.

Assim, o Coordenador deverá conhecer profundamente todos os programas e projetos que estão sendo desenvolvidos pela instituição, visualizar o que poderia acrescer, excluir o desnecessário e conduzir com eficiência e eficácia recursos humanos, materiais e financeiros.

A elaboração do plano de atividades toma por base o organograma da instituição, o que permite efetuar adequadamente a distribuição de funções, das responsabilidades, por quem e como as mesmas serão desenvolvidas. Também cabe ao coordenador avaliar a capacidade de atendimento à demanda atual, incluindo aí o corpo de voluntários, e a possibilidade de ser ampliada, tendo sempre em vista a estrutura da instituição com relação aos serviços prestados.

Outra especificidade do coordenador é ter conhecimento da legislação[(2)] em vigor, tanto para evitar problemas que poderão surgir como para informar adequadamente a questão dos direitos e deveres, das demandas, desdobrando a capacidade ética de inserção.

Cabe ao coordenador criar ambiente receptivo para implantação do Programa de Voluntários, prevendo resistências de maneira tranquila, sanando dúvidas e estimulando o espírito de cooperação. Realizar o diagnóstico das áreas de trabalho da instituição para detectar dificuldades específicas de cada

(2) A Lei n. 9.608/98 representa o marco legal do trabalho voluntário. Prevê o Termo de Adesão que precisa ser construído pela instituição, solicita a identificação do prestador de serviço, a natureza e as condições de como o trabalho deve ser desenvolvido.

área, estimular a aceitação da inserção do trabalho voluntário; identificar o perfil adequado do voluntário e as tarefas que serão executadas, também fazem parte das atribuições do coordenador.

As atividades a serem desempenhadas devem ser transmitidas a todo corpo sociofuncional da instituição com carteira assinada e aos voluntários, de forma clara, para que desempenhem com eficiência o trabalho e estabeleçam relação sadia e positiva entre si.

Não pode haver dúvida de que os principais responsáveis pelo funcionamento da instituição são os assalariados, mas o voluntário se integra para acrescentar esforços ao trabalho da equipe, com qualidade e responsabilidade.

No que diz respeito aos voluntários, torna-se de fundamental importância inserir no regimento interno da instituição a ação voluntária, pois disciplina formalmente condutas e procedimentos. Quanto mais evidentes e específicas forem as normas da participação voluntária, melhor será sua assimilação por parte do voluntariado, permitindo bom desempenho, evitando mal-entendidos.

E aqui cabe um esclarecimento sobre o "mal-entendido". O que quer dizer? É simples, as pessoas quando descobrem que querem ser voluntárias, que têm alguma habilidade para colocá-la à disposição de outras pessoas no sentido de ajudá-las, muitas vezes chegam à instituição social para realizar esta atividade específica e esquecem de perguntar se faz parte do Programa de Ação dela (instituição). Quando percebem o equívoco, ou mesmo são impedidos de desenvolvê-la, ficam frustradas e perdem a motivação para o trabalho voluntário. É preciso ter claro que ao se dirigir a qualquer instituição, seja filantrópica, assistencial, de educação (escolas de ensino básico, fundamental e médio, creches), de lazer, de cultura, de saúde (hospitais, casas de apoio), deve-se respeitar a condução das atividades que estas instituições já desenvolvem para seus públicos-alvos e se adequar a elas. É preciso também ter convicção da responsabilidade, do compromisso social a ser assumido com as demandas destas instituições. Afinal, abandonar um trabalho voluntário equivale a deixar de lado a realização de muitas vidas.

O trabalho voluntário contribui para que a instituição alcance seus objetivos de maneira satisfatória, daí a necessidade de os funcionários internos à instituição e os voluntários assumirem suas atribuições de forma responsável e qualificada.

Esses procedimentos representam o primeiro passo em direção à implementação do Programa de Voluntários, com grandes chances de sucesso, pois, de forma indireta, a iniciativa partiu da participação direta dos próprios funcionários.

Por outro lado, é preciso seleção criteriosa dos voluntários, não esquecendo de que suas ações recaem sobre as demandas institucionalizadas. As demandas manifestam sentimentos objetivos com relação às ações dos voluntários: prazer e gosto ou desprazer e desgosto.

A seleção do voluntário deverá ser feita pelo coordenador da instituição após identificação prévia do perfil do candidato, relacionando-o às competências exigidas pelo trabalho a ser executado, respeitando suas habilidades.

Os voluntários admitidos necessitam orientação e treinamento para, depois, se integrarem à equipe de trabalho da instituição. Cabe ao coordenador providenciar a integração logo no primeiro dia, a fim de definir dias, horários de trabalho e as atividades desenvolvidas, despertando o sentimento de pertencimento.[3]

No Brasil do século XXI, os assuntos de interesse político têm mobilizado grupos e cidadãos a tomarem iniciativas conjuntas para a melhoria da vida comunitária. Parcerias múltiplas e flexíveis envolvendo voluntariado, organizações da sociedade civil, empresas e órgãos governamentais procuram multiplicar recursos para aumentar a eficiência às propostas sociais.

O voluntariado que nasce do encontro da solidariedade com a cidadania não substitui o Estado, nem compete com o trabalho remunerado, mas exprime a capacidade da sociedade em assumir responsabilidades. A responsabilidade é de todos!

Referências bibliográficas

FONSECA, A. B.; MUNERATTI, M. A. D. B. *Gerenciamento de voluntários*: estruturação e implementação de programas de voluntariado em organizações sociais. São Paulo: Centro de Voluntariado de São Paulo, 1997.

SANTOS, B. S. *Pela mão de Alice*: o social e o político na pós-modernidade. Porto: Afrontamento, 1994.

ANEXO — Lei do Voluntariado

LEI N. 9.608, DE 18 DE FEVEREIRO DE 1998

Dispõe sobre o serviço voluntário e dá outras providências.

O Presidente da República

Faço saber que o Congresso Nacional decreta e eu sanciono a seguinte Lei:

(3) Consiste no sentimento de identificação ampla do voluntário para com a instituição e para com a missão perseguida por essa. Deve ser cultivado desde o ingresso do voluntário na instituição.

Art. 1º Considera-se serviço voluntário, para fins desta Lei, a atividade não remunerada, prestada por pessoa física a entidade pública de qualquer natureza, ou a instituição privada de fins não lucrativos, que tenha objetivos cívicos, culturais, educacionais, científicos, recreativos ou de assistência social, inclusive mutualidade.

Parágrafo único. O serviço voluntário não gera vínculo empregatício, nem obrigação de natureza trabalhista previdenciária ou afim.

Art. 2º O serviço voluntário será exercido mediante a celebração de termo de adesão entre a entidade, pública ou privada, e o prestador do serviço voluntário, dele devendo constar o objeto e as condições de seu exercício.

Art. 3º O prestador do serviço voluntário poderá ser ressarcido pelas despesas que comprovadamente realizar no desempenho das atividades voluntárias.

Parágrafo único. As despesas a serem ressarcidas deverão estar expressamente autorizadas pela entidade a que for prestado o serviço voluntário.

Art. 3º-A. Fica a União autorizada a conceder auxílio financeiro ao prestador de serviço voluntário com idade de dezesseis a vinte e quatro anos, integrante de família com renda mensal *per capita* de até meio salário mínimo. (Incluído pela Lei n. 10.748, de 22.10.2003) (Regulamento)

§ 1º O auxílio financeiro a que se refere o *caput* terá valor de até R$ 150,00 (cento e cinquenta reais) e será custeado com recursos da União por um período máximo de seis meses, sendo destinado preferencialmente: (Incluído pela Lei n. 10.748, de 22.10.2003)

I — aos jovens egressos de unidades prisionais ou que estejam cumprindo medidas sócio-educativas; e (Incluído pela Lei n. 10.748, de 22.10.2003)

II — a grupos específicos de jovens trabalhadores submetidos a maiores taxas de desemprego. (Incluído pela Lei n. 10.748, de 22.10.2003)

§ 2º O auxílio financeiro poderá ser pago por órgão ou entidade pública ou instituição privada sem fins lucrativos previamente cadastrados no Ministério do Trabalho e Emprego, utilizando recursos da União, mediante convênio, ou com recursos próprios. (Redação dada pela Lei n. 10.940, de 2004)

§ 3º É vedada a concessão do auxílio financeiro a que se refere este artigo ao voluntário que preste serviço a entidade pública ou instituição privada sem fins lucrativos, na qual trabalhe qualquer parente, ainda que por afinidade, até o 2º (segundo) grau. (Redação dada pela Lei n. 10.940, de 2004)

§ 4º Para efeitos do disposto neste artigo, considera-se família a unidade nuclear, eventualmente ampliada por outros indivíduos que com ela possuam laços de parentesco, que forme um grupo doméstico, vivendo sob o mesmo teto e mantendo sua economia pela contribuição de seus membros. (Incluído pela Lei n. 10.748, de 22.10.2003)

Art. 4º Esta Lei entra em vigor na data de sua publicação.

Art. 5º Revogam-se as disposições em contrário.

Brasília, 18 de fevereiro de 1998; 177º da Independência e 110º da República.

FERNANDO HENRIQUE CARDOSO

UNIVERSIDADES ABERTAS À TERCEIRA IDADE: CONSTRUINDO CIDADANIA NA ERA DO ENVELHECIMENTO

Nanci Soares(*)
Victalina Maria Pereira di Gianni(**)

Desde a idade de seis anos eu tinha mania de desenhar a forma dos objetos. Por volta dos cinquenta havia publicado uma infinidade de desenhos, mas tudo o que produzi antes dos sessenta não deve ser levado em conta. Aos setenta e três compreendi mais ou menos a estrutura da verdadeira natureza, as plantas, as árvores, os pássaros, os peixes e os insetos. Em consequência, aos oitenta terei feito ainda mais progresso. Aos noventa penetrarei no mistério das coisas, aos cem, terei decididamente chegado a um grau de maravilhamento — e quando eu tiver cento e dez anos, para mim, seja um ponto ou uma linha, tudo será vivo.

(KATSUHIKA HOKUSAI, sécs. XVIII — XIX)

O tema envelhecimento nestes últimos anos tem adquirido relevância. A Organização das Nações Unidas (ONU) considera o período de 1975 a 2025 como a "Era do Envelhecimento", em virtude do crescimento acelerado da população idosa.

Este crescimento acelerado da população idosa requer maior dedicação dos profissionais de várias áreas que têm compromisso com a causa do idoso, no sentido de unir esforços para que o idoso brasileiro não seja visto como mais um "problema social", mas como sujeito que tem capacidade produtiva, garantia de acesso aos seus direitos sociais e poder de decisão sobre as questões que lhe dizem respeito.

(*) Assistente Social, Doutora em Serviço Social, Professora do curso de Serviço Social e Coordenadora da UNATI — Universidade Aberta à Terceira Idade da UNESP — Campus de Franca.

(**) Assistente Social, Doutora em Serviço Social, Professora voluntária e fundadora da UNATI — Universidade Aberta à Terceira Idade da UNESP — Campus de Franca.

Atualmente no Brasil, homens e mulheres após 65 e 60 anos, respectivamente, se aposentam. O desligamento da rotina de anos de trabalho gera uma mudança significativa na vivência cotidiana destas pessoas. É uma mudança que inclui redução da renda, sensação de ociosidade e de perda de importância social. A pessoa é obrigada a repensar sua vida, ou seja, assumir sua velhice, o estigma de ser inativo, a fragilidade física e a incompetência para produzir. Estas são consequências psicológicas, morais, econômicas e, por que não afirmar, políticas também.

As pesquisas apontam que para muitas pessoas a aposentadoria tão almejada não corresponde às expectativas. A ansiedade pela aposentadoria como ideal social e culturalmente descrito poderia trazer uma fase para descanso e gozo dos prazeres da vida. No entanto, muitas vezes esta expectativa não tem lugar na realidade brasileira, em face das disparidades socioeconômicas da população.

Ainda reina no Brasil o estabelecimento de políticas sociais que acirram as diferenças individuais. Nem todos os idosos têm acesso à saúde e à nutrição, à habitação e ao meio ambiente, à família, à proteção enquanto consumidores, ao bem-estar social e à educação, além de emprego e renda. Predomina ainda uma visão que valoriza oportunidades a serem oferecidas aos mais jovens, em detrimento da canalização de recursos aos mais velhos, apesar de não mais se caracterizar o Brasil como um país de jovens, como aconteceu em grande parte do século XX.

Este é o grande desafio da atualidade: o aumento da expectativa de vida em todo o mundo e a necessidade de proporcionar qualidade a esta vida mais longa. Isto exige da sociedade uma conscientização de seus direitos e, do Estado, uma maior preocupação com a efetivação de políticas públicas sociais voltadas a este segmento.

No Brasil, a política pública dirigida ao idoso se relaciona com o desenvolvimento socioeconômico e cultural, bem como com a ação reivindicatória dos movimentos sociais. A partir de 1975, foram criadas algumas leis, destacando-se neste ano a chamada Renda Mensal Vitalícia, instituída pelo então Presidente da República Gen. Ernesto Geisel, que se constituía em pagamento de 50% do salário mínimo às pessoas com 70 anos ou mais, que não recebessem pensão ou aposentadoria e não tivessem nenhuma fonte de renda.

Em 1976, o Instituto Nacional de Previdência Social (INPS) instituiu o Programa de Assistência ao Idoso — PAI, que consistia em atender grupos de idosos na sala de espera dos ambulatórios do referido Instituto.

Com relação ao atendimento aos idosos, na década de 1970 surgiram muitas organizações não-governamentais — ONGs e inúmeras associações de idosos com a finalidade de atendimento.

A Constituição Federal de 1988 constitui um marco importante desta trajetória. Garante aos idosos aposentadoria proporcional por tempo de serviço, aposentadoria por idade e pensão por morte para viúvos. Do articulado constitucional, destacamos os seguintes:

> Art. 229. (...) os filhos maiores têm o dever de ajudar e amparar os pais, na velhice carência ou enfermidade.
>
> Art. 230. A família, a sociedade e o Estado têm o dever de amparar as pessoas idosas, assegurando sua participação na comunidade, defendendo sua dignidade e bem-estar, garantindo-lhes o direito à vida.

Nota-se que foi um passo importante para o reconhecimento dos idosos no Brasil.

Entretanto, até 1994 não havia uma política de âmbito nacional destinada às pessoas idosas. A mesma surge com a Lei n. 8.842/94, denominada Política Nacional do Idoso (PNI), que dispõe sobre os direitos sociais dos idosos, garantindo-lhes autonomia, integração e participação efetiva como instrumento de cidadania. É importante ressaltar que esta lei é resultado de uma ampla mobilização de segmentos organizados da sociedade e representa uma grande conquista em termos legais, pois está embasada no paradigma da cidadania, o qual valoriza o ser humano enquanto pessoa que possui necessidades biológicas, pessoais, intelectuais, sociais, entre outras.

A Política Nacional do Idoso tem como objetivo criar condições para promover a longevidade com qualidade de vida, colocando em prática ações voltadas não apenas para os que estão velhos, mas também para aqueles que vão envelhecer.

Na educação, a lei apresenta medidas para a adequação dos currículos e materiais didáticos para cursos destinados aos idosos, inclusive à distância, e o desenvolvimento de programas educativos nos meios de comunicação, sobre o processo de envelhecimento. Além disso, trata da inserção, na educação formal, de conteúdos voltados para o idoso, com o objetivo de reduzir o preconceito e aumentar o conhecimento sobre o assunto.

Com relação à cultura e ao lazer, deve ser estimulada a participação do idoso em eventos culturais e de lazer e, para tanto, uma das medidas adotadas foi a redução dos preços de ingressos. A lei prevê também a possibilidade da transmissão de suas habilidades e informações ao público jovem, como forma de preservar e de continuar a identidade cultural.

A PNI determina, dentre as competências dos órgãos e entidades públicas na área da educação, "apoiar a criação de universidade aberta para a terceira idade, como meio de universalizar o acesso às diferentes formas de saber".

Mais tarde, em 1999, foi instituído, por Portaria Interministerial, o Programa Nacional de Cuidadores de Idosos. Neste mesmo ano, em dezembro, a

Portaria n. 1.395, assinada pelo então ministro José Serra, dispõe sobre a política nacional de saúde do idoso.

O Estatuto do Idoso, criado pela Lei n. 10.741/03, também dispõe, no Capítulo V — Da Educação, Cultura, Esporte e Lazer, que o idoso tem direito a educação, cultura, esporte, lazer, diversões, espetáculos, produtos e serviços que respeitem sua peculiar condição de idade.

Ainda neste capítulo, mais precisamente o art. 25, refere-se à criação de universidade aberta:

> **Art. 25.** O poder Público apoiará a criação de universidade aberta para as pessoas idosas e incentivará a publicação de livros e periódicos, de conteúdo e padrão editorial adequados ao idoso, que facilitem a leitura, considerada a natural redução da capacidade visual.

Atendendo à determinação legal e, sobretudo atendendo a uma necessidade social, são desenvolvidos na universidade diversos trabalhos de ensino, pesquisa e extensão voltados para pessoas em processo de envelhecimento.

O referido Estatuto apóia e incentiva ações educativas, bem como prevê a inserção do tema envelhecimento nas escolas de ensino infantil às universidades, propondo adequações curriculares e a formação de profissionais capacitados para a promoção da solidariedade intergeracional e a mudança paradigmática quanto ao envelhecimento.

Os programas desenvolvidos pelas Universidades para os idosos aparecem como uma medida eficaz, considerando que criam oportunidades de retorno ao convívio social e de participação na comunidade.

No Brasil, é recente a preocupação das Universidades em contribuir para projetos educacionais que incluam os idosos. A França e os Estados Unidos foram pioneiros na criação de projetos educacionais para idosos, coincidindo com a intensificação do seu processo de envelhecimento populacional.

Segundo *Pimentel* (2006), a UNATI estrutura seu projeto na perspectiva das universidades da terceira idade da França, em Nanterre, que além de abrir vagas para determinadas disciplinas, cursadas com vistas à obtenção de certificados, sem direito à contagem de créditos para cursos superiores, oferece cursos regulares para adultos veteranos.

Uma das primeiras iniciativas no País foi oferecida no Serviço Social do Comércio — SESC, que nos anos 70 do século passado criou a Escola Aberta da Terceira Idade, com o objetivo de oferecer aos idosos informações sobre aspectos biopsicossociais do envelhecimento, programas de aposentadoria e atualização cultural.

Zimerman (2000), em seu livro intitulado "Velhice: aspectos biopsicossociais", mostra que envelhecer pressupõe alterações físicas, psicológicas e sociais no indivíduo. Salienta que essas transformações são gerais, podendo se verificar em idade mais precoce ou mais avançada e em maior ou menor grau, de acordo com as características genéticas de cada indivíduo e, principalmente, do modo de vida de cada um.

Argumenta ainda a autora que a alimentação adequada, a prática de exercícios físicos, a exposição moderada ao sol, a estimulação mental, o controle do estresse, o apoio psicológico, a atitude perante a vida e o envelhecimento são alguns fatores que podem retardar ou minimizar os efeitos da passagem do tempo.

Isto mostra a importância destes espaços em fornecer informações aos idosos sobre os aspectos biopsicossociais, a promoção da interação social e da solidariedade, evidenciando que é preciso mudar a postura, para atingir qualidade de vida.

Portanto, os programas das diversas Universidades da Terceira Idade no País têm como objetivos gerais contribuir para a elevação da qualidade de vida das pessoas na terceira idade. Segundo *Pimentel* (2006), a finalidade da UNATI é proporcionar conhecimentos que possam favorecer a construção de uma longevidade digna e respeitosa e, ainda, propõe reflexões que conduzem à construção de novos paradigmas sociais sobre o envelhecimento. Entre os objetivos específicos, além das atividades educacionais regulares para idosos, propõe trazer à tona a discussão dos processos de envelhecimento como tema sociopolítico e de responsabilidade de todos os cidadãos, com atenção integral aos idosos da comunidade por meio dos recursos existentes na universidade; capacitar profissionais ao trabalho com idosos, com a ampliação dos paradigmas acadêmicos e sociais sobre o envelhecimento e, ainda, formar multiplicadores entre os próprios idosos, para a ampliação do programa em bairros mais distantes da universidade.

A ação educativa com idosos na universidade vai além de organizar um curso ou estruturar um projeto. É um espaço para refletir sobre a vida e suas inúmeras possibilidades. Não são poucas as dificuldades, pois esta população sofre as marcas de um sistema socioeconômico que vislumbra ficar eternamente jovem, surgindo assim a marginalização da velhice.

A Universidade Estadual Paulista — UNESP criou o Núcleo Central UNESP-UNATI, através da Portaria UNESP n. 191, de 7 de maio de 2001, como resultado coletivo desenvolvido nas diferentes unidades universitárias da UNESP.

A UNESP desenvolveu um projeto com o objetivo de possibilitar às pessoas que estão em processo de envelhecimento usufruir o espaço educacional e cultural da Universidade para a ampliação de conhecimentos, educação continuada, convivência social e troca de experiências de vida entre os participantes das UNATIs, alunos da graduação e pós-graduação, docentes e técnico-administrativos, contribuindo com o desempenho da função social da Universidade Pública (Perfil da Extensão Universitária da UNESP, p. 16).

As UNATIs estão distribuídas em diversas unidades universitárias da UNESP, tais como Araçatuba, Araraquara, Assis, Bauru, Botucatu, Franca, Guaratinguetá, Ilha Solteira, Marília, Presidente Prudente, entre outras.

Conhecendo a Universidade Aberta à Terceira Idade — UNATI/UNESP — Campus de Franca

Neste contexto, surgiu em 1993 a iniciativa de uma proposta de trabalho do Serviço Social para a Universidade Aberta à Terceira Idade — UNATI/ Franca, tendo como eixo temático: *construindo cidadania na era do envelhecimento*. Esta proposta foi consolidada em agosto de 1996 e objetiva fornecer informação, reflexão sobre questões da cidadania e a efetivação dos direitos sociais, e debates sobre o papel do idoso na sociedade.

A UNATI de Franca está vinculada à UNESP — Campus de Franca, como um programa de extensão universitária e presta serviço à comunidade idosa de Franca e região, desde 1996, com o propósito de interagir com o idoso, possibilitando usufruir do espaço educacional e cultural da Universidade para a ampliação de conhecimentos, educação continuada, convivência social e troca de experiências de vida entre os participantes.

Uma grande preocupação envolveu a sua organização técnica e administrativa, voltada para a definição da idade a partir de quando deveria se iniciar a ação social educativa. As leis então existentes e, principalmente, a Política Nacional do Idoso (1994), apregoavam que o idoso é a pessoa com 60 anos ou mais. Contudo, iniciar atuação nessa faixa etária exigiu repensar como enfrentar as perdas necessárias, tão sabiamente trabalhadas por *Judith Viorst*, em seu livro com este mesmo título. Do ponto de vista geriátrico, sabe-se que, por volta dos 30 anos, o ser humano, homem ou mulher, começa a enfrentar algumas perdas no seu organismo, as quais precisam ser trabalhadas para evitar sequelas prejudiciais ao seu funcionamento.

A perda celular e a perda da reserva fisiológica alteram a capacidade de manter o equilíbrio em situações de estresse. É a função homeostática que pode ser trabalhada para manter as condições de saúde ao longo de toda a vida.

A partir destas considerações houve consenso na UNESP, entre os profissionais que se dedicavam ao programa de atendimento a idosos, que as ações da UNATI abririam as portas para interessados a partir de 45 anos.

Tal proposta preocupa-se em disponibilizar serviços de qualidade, fazendo com que as atividades oferecidas ao seguimento idoso tenham relevância social e atendam ao interesse deste público, considerando suas trajetórias de vida, ou seja, tem a preocupação de não incluir no projeto apenas ações com o intuito exclusivo de ocupar o tempo livre do idoso ou tratá-lo como incapaz de aprender novas habilidades e adquirir novos conhecimentos. A realidade social e econômica desta época, em Franca e região, apontava para um significativo número de pessoas com nível de escolaridade correspondente ao secundário e superior, que se aposentava e não possuía espaço na comunidade para convivência social. Os grupos de convivência de idosos realizavam atividades de trabalhos manuais, jogos de salão e os tradicionais bailes da chamada "Velha Guarda", não constituindo atrativo para estas pessoas.

A UNATI, enquanto espaço em uma Universidade, precisaria contemplar a demanda do público por uma ação social-educacional, com oferta de espaço para debater as questões mais diretamente ligadas à construção da cidadania nessa fase da vida.

A equipe de trabalho, sob nossa coordenação, é hoje composta por docentes e discentes do curso de Serviço Social da Faculdade de História, Direito e Serviço Social — Campus de Franca, e professores voluntários.

Os alunos idosos são pessoas acima de 45 anos interessadas em ocupar seu tempo com novos aprendizados, bem como participar de diferentes oficinas e atividades, inclusive nos eventos que os demais alunos da graduação realizam. Estes idosos demonstram interesse em discutir questões de seu processo de envelhecimento, ao mesmo tempo que estão dispostos a conhecer seus direitos sociais e lutar pela sua garantia e efetivação, por condições dignas de vida.

Ana Maria Freire informou, em seus estudos sobre a pedagogia dos sonhos possíveis, que é perfeitamente possível retomar processos de educação em qualquer idade. Foi acreditando nesta assertiva que a UNATI chamou a comunidade francana para voltar a participar dos bancos escolares.

Após levantamento de dados realizado em Franca e nos 23 municípios que compõem a sua região administrativa, acerca dos interesses das pessoas que frequentam programas de atendimento a idosos, o primeiro curso oferecido à comunidade foi de Gerontologia Social, com um leque abrangente de temáticas sugeridas pelos idosos.

Nesta perspectiva, o programa oferece cursos e oficinas com áreas temáticas sobre saúde e lazer; arte e cultura; atualização e aquisição de novos conhecimentos.

Saúde e lazer

Visa a propiciar à terceira idade reflexão sobre as políticas públicas na área da saúde ao idoso, e meios para garantir sua efetivação.

Com o aumento da população idosa no Brasil, a prevenção das doenças crônicas, degenerativas e a assistência à saúde dos idosos representam novos desafios para o sistema de saúde.

Na área da saúde são discutidos temas como: planos de saúde, reajustes por mudança de faixa etária, Sistema Único de Saúde — SUS, internação com acompanhante, medicamentos, entre outros.

As atividades são desenvolvidas através das oficinas:

— **biodança:** estimular o aluno a identificar-se como pessoa em processo de crescimento interior;

— **musicoterapia:** trabalhar a capacidade do ser humano em lidar com as suas dificuldades através da música;

— **atividade física**: trabalhar a integração física, mental, social e emocional do ser humano;

— **alimentação e saúde**: nutrição e seu papel em busca de um envelhecimento mais saudável. Como evitar e prevenir doenças psicossomáticas através de uma alimentação saudável, conhecer as propriedades dos alimentos naturais e seu valor medicinal.

O ser humano incorpora sentimentos de ansiedade, satisfação, autoafirmação; sente necessidade de ser bem aceito, de ser estimulado, de ser aprovado e estas oficinas possibilitam, em diferentes graus e formas operacionais, o estímulo para esta autovalorização e bem-estar. Contribui, portanto, para melhor nível de vida na fase da longevidade.

Arte e cultura

O objetivo é propiciar ao idoso perceber a si mesmo, as relações com o mundo e estabelecer vínculos de descobertas individuais e sociais. No processo de envelhecimento, a arte ajuda no bem-estar, ajuda a renovar o pensamento, a criatividade, a promoção da consciência crítica, enfim, a valorização pessoal.

As atividades são desenvolvidas através das oficinas:

— **fazendo arte e colhendo vida:** buscar o maior conhecimento do indivíduo sobre si mesmo, sobre o seu mundo e, consequentemente, sobre a sua vida;

— **coral**: estimular o cultivo do convívio social pela arte vocal.

Atualização e aquisição de novos conhecimentos

A busca incessante por novos conhecimentos é uma característica do homem. O conhecimento hoje é um dos principais fatores de superação de desigualdades, agregação de valor, criação de emprego qualificado e propagação do bem-estar.

Os alunos podem se inscrever em disciplinas que a graduação do Campus oferece nos cursos de Serviço Social, História, Relações Internacionais e Direito, objetivando a aquisição e/ou atualização de conhecimento, além de favorecer a troca de experiências.

As atividades são desenvolvidas através das oficinas:

— **a magia do envelhecer**: estimular a autoestima dos alunos interessados;

— **educação ambiental**: estudar e atuar nas questões do meioambiente;

— **vozes do saber**: refeltir sobre diferentes assuntos conforme interesse dos alunos. As temáticas envolvem: saúde, políticas sociais para idosos, alimentação, arte, cultura e outros.

Os meios de comunicação exercem poderosa influência na mobilização política de parcelas da população na condição de aposentados e pensionistas, o que passa a constituir significativo instrumento de luta por direitos e cidadania. Assim, quanto mais versátil for a programação da UNATI, maior a possibilidade de essa população autocapacitar-se na direção da consecução dos direitos estabelecidos pelo Estatuto do Idoso, Lei n. 10.471, de 1º de outubro de 2003.

Dessa forma, a UNATI preocupa-se em oferecer cursos com conhecimentos variados a respeito das dificuldades que o processo de envelhecimento acarreta em suas diferentes fases e, ao mesmo tempo, auxílio sobre como se autocapacitar para enfrentá-las.

Nessa expectativa, a UNATI envolve uma abordagem educacional com idosos, adotando peculiaridades para estimulá-los a uma prática autopedagógica específica, que leva em consideração as características físicas, psicológicas e sociais desse segmento etário.

São oferecidos também os seguintes cursos:

— **memória e envelhecimento**: refletir sobre o ser humano e sua capacidade para fortalecer sua memória e retardar o seu enfraquecimento por meio do processo autoeducativo;

— **filosofia moderna**: entender a filosofia como um saber racional, que leva o ser humano a refletir sobre si mesmo e tudo que o cerca;

— **informática básica:** adquirir a habilidade para acesso e manejo do computador por meio do conhecimento da informática;

— **informática intermediária**: aprimorar os conhecimentos e as habilidades na utilização da informática, facilitando a integração com as novas tecnologias e, portanto, inclusão na era digital.

Parcerias estabelecidas

Foram estabelecidas as seguintes parcerias:

a. com a Prefeitura de Franca — Coordenadoria do Meio Ambiente, sendo oferecido aos alunos unatianos curso sobre Educação Ambiental, com aulas quinzenais teórico-práticas. As aulas teóricas em salas de aulas da Unesp e da Escola Agrícola/Horto Florestal, e aulas práticas em diferentes locais, cabendo à Unidade Local — UNESP — Franca, oferecer o transporte;

b. com a Sociedade Beneficente Irmãos Italianos Unidos de Franca, com a participação na festa Nossa Senhora Achiropita, realizada em praça pública, anualmente, no mês de agosto, na qual os alunos unatianos coordenam o funcionamento de uma barraca que comercializa prato típico italiano. A renda é revertida para ajudar na manutenção das despesas com o funcionamento da UNATI;

c. com a Universidade de Franca — UNIFRAN, em andamento, visando à participação de alunos e docentes dos cursos de psicologia, fisioterapia e outros, na programação da UNATI. É na extensão que os universitários destas áreas vão ampliar o entendimento e fundamentar os conceitos e teorias aprendidas nas salas de aula, consolidando e complementando o aprendizado com a sua aplicação prática. Esta aplicação será planejada e acompanhada por professores.

Enfim, o programa — UNATI — visa à construção da cidadania na terceira idade e estimula os alunos/idosos a conhecerem seus direitos sociais por meio das políticas sociais para a terceira idade e a identificarem várias formas de participação social presentes em seu cotidiano. Outro aspecto refere-se à participação política, ou seja, o voto, a representação estudantil na UNATI, o engajamento em associações de aposentados e participação nos Conselhos de Idosos. Recentemente foi criada a Associação dos Alunos da Universidade da Terceira Idade.

Conclui-se que é um espaço para o exercício da cidadania, na medida em que propicia reflexões críticas das questões do envelhecimento, nos aspectos físico, psíquico e social, bem como propicia informações e reflexões sobre a garantia e efetivação dos direitos sociais.

Nosso propósito com esse projeto é mostrar que, embora os direitos dos idosos a saúde, nutrição, previdência social, transporte, acesso à cultura, esporte, turismo e empréstimos consignados, habitação, e acesso à justiça, estejam assegurados a todos pela lei, nem sempre são efetivados. Portanto, o exercício da cidadania é fazer valer os direitos garantidos. Cidadania é a participação de todos em busca de benefícios sociais e igualdade, e na participação grupal, este estímulo à luta é fortalecido.

Só vem confirmar essas considerações e se apresentar como um dos grandes pontos positivos desse trabalho o interesse que os idosos têm demonstrado tanto nas reflexões acima mencionadas, como também nas atividades desenvolvidas em cada área temática. Fato concreto a registrar nestes 19 anos de funcionamento refere-se aos depoimentos de médicos, geriatras e outros profissionais da saúde, os quais afirmam que seus pacientes, participantes da UNATI, apresentam significativa melhora em seu estado de saúde e bem-estar.

Referências bibliográficas

BALDESSIN, Anésio. O idoso: viver e morrer com dignidade. In: PAPALÉO NETTO, M. *Gerontologia*. São Paulo: Atheneu, 1996.

BEAUVOIR, Simone de. *A velhice:* realidade incômoda. São Paulo: Difusão Europeia do Livro, 1977. v. 1.

BORN, Tomiko. A dignidade humana na terceira idade. In: *Revista Tempo e Presença*, n. 264, São Paulo: CEDI, 1992.

CALDAS, Célia Pereira (org.). *A saúde do idoso*: a arte de cuidar. Rio de Janeiro: UERJ, 1998.

FREIRE, Ana Maria Araújo. *Pedagogia dos sonhos possíveis*. São Paulo: UNESP, 2001.

JOSÉ FILHO, Mário. *Participação social na educação:* desafios à cidadania. Dissertação de Mestrado em Serviço Social. PUC — Pontifícia Universidade Católica. Campinas, 1992.

KAJAR, Vitória. *Terceira idade & informática*: aprender, revelando potencialidades. São Paulo: Cortez, 2003.

PEREIRA, Iêda Lúcia Lima. *A terceira idade*: guia para viver com saúde e sabedoria. Rio de Janeiro: Nova Fronteira, 1996.

PIMENTEL, Kathia Mara Murito (org.). *Envelhecer:* reflexões e práticas. Governador Valadares [s.n.], 2006.

RODRIGUES, Nara Costa e TERRA, Newton Luiz (orgs.). *Gerontologia social*: para leigos. Porto Alegre: EDIPUCRS, 2006.

SALGADO, Marcelo Antônio. *Gerontologia social.* Rio de Janeiro: CBCISS, n. 50, ano XII, 1979.

VIORST, Judith. *Perdas necessárias*. 29. ed. São Paulo: Melhoramentos, 2005.

ZIMERMAN, Guite I. *Velhice:* aspectos biopsicossociais. Porto Alegre: Artes Médicas Sul, 2000.

Produção Gráfica e Editoração Eletrônica: R. P. TIEZZI

Capa: ELIANA C. COSTA

Impressão: PROL EDITORA GRÁFICA